地方消滅

地方創生的理論起源

增田寬也

賴庭筠、李欣怡、雷鎮興、曾鈺珮——譯

星都市型」、「小巧城市型」則強調建立「地方中樞據點都市」的網絡生態，透過資源整合與集中，完善地方基盤設施，滿足其「麻雀雖小五臟俱全」等完整的生活機能。

面對人口縮減時代的來臨，我們不須過度擔憂，伴隨著數位時代新科技的應用，透過自動化設備與產業轉型升級，我們可以更有效率的提升產業附加價值。在通訊科技進步下，未來在地方自由創業的人將會更多，也不必受限於通勤時間而必須住在大都市內，這都是地方再生的契機。推動地方創生關鍵，在於活用區域特色資源進行產業振興，達到增加雇用機會及居民定居目標，使地方自立發展。找出地方特色，用創意和創新轉化為創生利基，讓企業和人才在地方生根，需要大家共同努力與實踐！

推薦序
先行者的啟示

曾旭正　台南藝術大學教授
前國家發展委員會副主任委員

「地方消滅」！何其恐怖而令人擔憂的可能，但人們普遍對它無感，以至於對此危機不斷示警的人，往往會有一種「眾人皆醉唯我獨醒」的荒涼感！這本書的作者增田寬也先生，想必也有同感吧！

在我們研究日本的地方創生政策後，清楚地知道：「地方消滅論」所激起的危機感是日本之所以能夠大步推出地方創生政策的重要原因。在政策推出前，許多評論者即呼籲，如果沒有強力的政策介入，日本的人口將在本世紀中跌落到一億人以下，更誇張的預言甚至說在三個世紀後，日本人將只剩下三千餘人，成為一個必需被保育的人種。想必是這些聳聽危言讓日本社會建立了普遍的危機感，加上二〇〇九年日本總人口達到高峰後，確實總人口數開始減少，讓日本社會真實體認到人口問題的嚴重性。因此五年後，安倍政府推出地方創生政策，才能得到社會的支持，採行諸多強力作為：任命大臣並設專責機構、修改法令、擴大故鄉稅、人才下鄉，甚至要求東京核心區的大學減招！

相較起來，台灣的地方創生政策力道就輕弱得多，關鍵正是社會的危機共識還不足。參考日本經驗，台灣實在需要對未來人口老化與少子化的問題更多討論，從各種角度關注人口變遷可能對城鄉發展的衝擊、對產業發展的影響，乃至於對家庭生活的改變。不只需要政府部門多闡述，更需要平面媒體和網路等發起更多議論。唯有如此，強化了台灣社會的危機意識，才可能讓產官學研社等各層面都動起來，地方創生也才可能奏效。

本書是掀起日本人口危機意識的關鍵著作，對於人口及城鄉問題做了非常紮實的討論，其研究方法、分析方式和政策建議都很值得參考。期望台灣學界與政府部門善用之，並在台灣人口即將越過高峰之前，發為論述激起社會關注！

推薦語

本書正是目前台灣地方發展最需要的警鐘，對於日本國家策略發展有完整陳述，提供了精確的數據分析及可行的人口策略，強調以「地方主要都市」做為防線，阻止往東京人口黑洞集中趨勢。

日本政府針對地方人口及發展問題，經歷至少五十年各種嘗試及累積。日本在地方策略下發展較好的鄉鎮，大多是因尊重並重視地方資源，以過去人們努力及文化累積的成果為基礎的。地方創生議題是以往計畫的延伸，而非缺乏根基的移植仿效。

岐阜縣飛驒古川宣揚工匠文化及當地祭典四百年傳統，地方透過鄉鎮豐沛的祭典文化，維繫著人、土地與生活。長野縣小布施町透過都市設計保存當地歷史並改造為文化館舍，結合山區重要農產栗子。打造當地特色行銷全國。

本書提醒我們目前亟需完整盤點了解各地方資源、文化開始，以具體數據並進行分析，從教育、社會參與連結各層面，進一步形成全民意識，也唯有在全民參與及各界資源共享的條件下，台灣的地方創生之路方能穩健地邁步向前。

丘如華　台灣歷史資源經理學會秘書長

本書的名字很吸睛但不好讀，不過卻是理解、參與、甚至是批判「地方創生」很重要的起點。當日本的地方創生政策走到第一個五年的尾聲，各界正在檢視KPI、解讀政策亮點和副作用時，增田寬也教授《地方消滅論》的中文版來得正是時候！

這本書之所以重要，是因為作者有相當豐富的實務經驗，在提出真實且具高度挑戰性問題的同時，也帶來可能的解方，讓讀者可以積極想像關於地方發展的各種可能性。不好讀則是因為，讀者可能需要一點背景知識，才比較能夠在日本地方分權改革的脈絡下，充分理解地方創生戰略的本質，在閱讀或政策借用的時候不會照單全收。

我在二〇一四年協助教育部推動「無邊界大學計畫」及後來的「大學社會責任實踐計畫（USR）」因為關注大學如何驅動區域創新、大學如何培養地方發展所需要的跨領域人才，所以我長期關注地方創生的發展動向，我認為這本書是一個相當難得的區域創新教材。無論你是中央或地方政府官員、民意代表、社區工作者、民間企業或學校老師，如果你想為台灣做點什麼，希望自己的家鄉在未來五年、十年、二十年會更好、更不一樣。我想這本書可以刺激你的思考，讓你有機會用新的眼光來想事情、看問題！

吳明錡　臺北醫學大學跨領域學院執行長
前教育部大學社會責任計畫培力企劃召集人

作者序

寫給台灣讀者的序文

在規畫國家與地方的遠景之際，首先必須掌握人口動態。未來人口的變化將左右著產業政策、國土政策、社會福利政策等一切政策。二〇〇八年，日本人口從高峰開始轉為減少。若任其發展，不找出解決對策，僅需一百年再多一點的時間，人口將減少到現在的四成左右。我們實在無法想像，人類將體驗前所未有「人口遽減的社會」，它對日本社會將造成什麼影響。

本書《地方消滅》在二〇一四年的夏天出版。探究日本總生育率低迷的原因，我們得知原因在於生育、育兒困難的社會環境，以及偏鄉地區的年輕人過度集中在出生率低的東京。當時，日本社會對這項問題的關注程度並不高。大約在四十年前（一九七五年），日本出生率首度跌破二%。在二十年前（一九九五年）左右開始，十五歲到六十四歲的工作年齡人口首度轉為減少，當時人口減少的問題並沒有立刻顯現。儘管日本政府祭出各項少子化對策，但當時「長壽化」人口日趨增加，全民高度關心這項議題，於是政策多半傾注於解決高齡化的問題。因此，在這段期間，少子化發展到了嚴重的地步。有人形容人口減少是「安靜無聲的緊急事故」，現在不採取行動，將會決定幾十年後日本社會的悲慘命運，人口減少問題的可怕之處就在這裡。

所幸，本書引起大家高度關注並瞭解它的嚴重性。我們以日本所有的都市為對象，以獨特的長期人口預測方式來統計「可能會消滅的地方」。在公布這份清單之後，立刻傳遍日本全國，引起全民重視。我們希望每一個人將它視為自己的事，成為思考解決問題的契機。由於政府感受到全民的高度關注，在同年成立了對策本部，制定綜合策略，訂出「希望生育率一・八」、「五十年後人口仍維持一億人」的目標。地方自治體也開始致力推動各項少子化對策，以及創造地方上的工作機會，並且認真檢討這些做法。不論政府或民間，讓每一個人共同重視日本人口減少的實際情況與政策方向性，這是非常重要的一件事情。

我們希望，日本不會把這個問題當成一時的風潮而結束，必須嚴肅以對，找出對策克服困難。換句話說，我們必須阻止人口減少，維持充滿活力的社會。因此，接下來才是關鍵時刻。我們應共同打造一個容易生育、育兒的友善社會，同時創造地方偏鄉的工作機會，避免年輕人過度集中在東京。不過，這些幾年的努力並不會立即出現結果。

在各種努力之下，出生率雖然有改善的趨勢，但遺憾的是，這幾年的生育率僅達到一・四左右，人口往東京過度集中的情況仍舊加速惡化中。日本在不停變化的國內外情勢中，想要社會朝著同一個目標持續努力，這並非一件容易的事情。

據聞，台灣與日本同樣為低生育率所苦。兩國除了地理位置相當接近外，在經濟、社會與文化方面，也具有許多共通點。

我們所討論、致力推動的具體內容，若能對台灣人口減少的研究有所幫助，身為作者，我將感到無比欣喜。期盼透過彼此的交流，對於人口減少的問題能有更深一層的認識。

我們無法避免當前人口減少的情況。但是，若能減緩人口減少的速度，讓社會走在永續發展的道路上，就是我們這一代對下一代的重要使命。儘管前方路途險峻，我會與台灣的讀者一起持續走下去，衷心期盼能夠開創一條康莊大道。

二〇一九年二月 增田寬也

目錄

「東京圈等大都市大量吸收日本整體人口，而導致鄉下許多地方消失。結果導致人口極端集中於大都市圈，使民眾生活於人口稠密的社會——我們稱之為『極點社會』。假設人口移動不會趨緩，根據此推算，二〇一〇～二〇四〇年之間，二十～三十九歲的女性人口減少至五成以下的地方數將遠遠超過目前的情況，達到八九六個地方，佔整體四九．八％。事實上，目前日本有五成地方面臨人口迅速減少的情況。上述八九六個地方，即為本書所指的「可能消滅的地方」。」

2040年20~39歲女性減少
50%以上市區町村

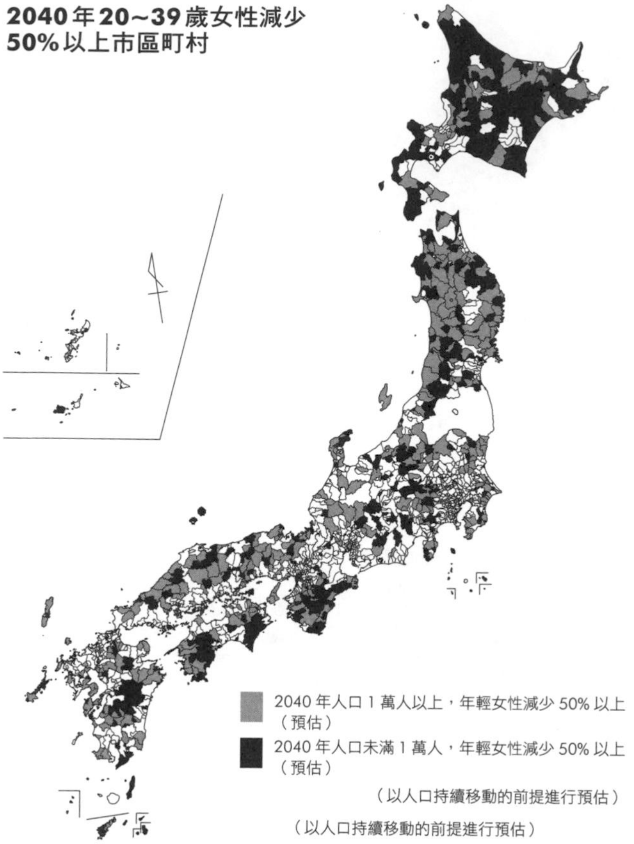

（備註）

1. 國立社會保障•人口問題研究所（社人研）「日本各地區將來預估人口（二〇一三年三月預估）」及相關資料製作。
2. 二〇〇三年以前指定之十二個政令指定都市，以行政區為單位來推算。
3. 由於二〇一一年三月發生之東日本大震災以及福島第一核電廠事故的影響，難以預估各市町村的人口動向和今後的演變，故社人研沒有進行福島縣內各市町村的人口預估，因此本預估未包含福島縣的自治體。

序章　人口迅速減少帶來的警訊

人口大幅減少

描繪國家的願景時，一定要先掌握人口動向。包括產業、國土、勞工、社會福利政策等各種政策，人口都是重要關鍵。

日本人口於二〇〇八年達到巔峰後開始下滑，逐年減少。二〇一〇年日本有一億二八〇六萬人。若不採取對策，到了二〇五〇年，日本將剩下九七〇八萬人；到了廿一世紀末的二一〇〇年，將只剩下四九五九萬人。也就是說不到一百年，日本的人口就銳減約六成，回到明治時代的水準（資料來源皆為國立社會保障・人口問題研究所〔以下簡稱「社人研」〕的「日本將來預估人口」〔二〇一二年一月〕中推算值）。據說相較之下，人口預測比政治、經濟等預測來得準確許多，不會有太大的誤差。實際對照預估數字與現實情況，現實情況竟然更加嚴峻。我們必須要面對「人口減少」此一前所未有的問題。

人口減少的問題並非憑空而起。戰後一九四七～一九四九年第一次嬰兒潮時的合計特殊出生率（女性一生生產數的平均值，以下稱出生率）為四・三二，之後開始下滑。

到了二〇〇五年，出生率創下有史以來最低的數字一・二六後才逐漸回升，並於二〇一三年恢復至一・四三。一直到現在，出生率仍偏低。

之所以這麼說，是因為就二〇一二年的日本而言，出生率須達二・〇七才能使人口數持平。以一・四三換算，未來日本的人口將會減少三成。

在此期間，日本政府於二〇〇三年七月訂定「少子化社會對策基本法」，並於內閣府[1]設置「少子化社會對策會議」。二〇〇七年安倍晉三第一次內閣改組後，更任命「內閣府特命擔任大臣」負責處理少子化問題。然而，由於日本民眾對此問題漠不關心，日本政府遲遲無法提出有效對策也是事實。

危機已無法視而不見

人口減少的問題起因於少子化問題，然而因日本社會同時存在高齡化問題，少子化的狀況長期被忽視。許多日本民眾將注意力放在如何因應高齡化問題，而使少子化問題就像慢性病一樣，越來越嚴重。民眾並沒有發現少子化問題對自己居住的城市與生活有

1　內閣府：日本行政機關之一，負責協助內閣執行重要政策相關事務與調整政策，部門主管即為首相。職掌接近台灣的行政院。

什麼樣的影響，也沒有未雨綢繆的危機意識。一直到了連高齡者較多的區域都開始出現「人口減少」的問題，民眾才發現此問題的嚴重性。

尤其是東京等年輕人較多的大都市，更對此問題後知後覺，一直到現在仍是如此。然而根據我的計算，日本全國已有七九四個地方的高齡者開始減少。人口減少的問題並不是將來的問題，而是現在的問題。

政治或行政體系要向民眾提出增加人口、擴大商業規模等願景很容易；然而要坦誠人口將減少、商業規模將縮小則很困難。畢竟沒有人樂見那樣的未來，因此政治人物等都對此避而不談。

日本人口減少已成事實。各地的人口已不可能成長，只會減少。因此我們必須面對許多問題，包括如何維持醫療、交通、教育等生活必需的服務？如何整修道路、橋梁、公民會館等基礎建設？如何開發當地的產業與就業市場？

最困難的是推動高齡化對策時，必須同時考慮少子化問題。無論是政治、行政體系與民眾都得確實了解此事，方能採取行動。我基於此想法於國政顧問組織「日本創成會議」下設置了「人口減少問題檢討分科會」，與經營者等專家學者共同研究，並於二〇一四年五月根據預估而發表「日本可能消失的地方」。本書內容即是以該報告為主，歸納整理而來。

關於人口減少的九大誤解

在討論人口減少問題在日本會如何發展、對各區域有何影響、以及我們應採取什麼樣的對策前，希望各位先了解「人口減少」。一般人對人口減少的議題有許多誤解，然而我認為不僅毫無根據的樂觀很危險，毫無根據的悲觀也無濟於事。採取對策前，我們必須要有正確而冷靜的認知。

第一個誤解：人口減少應該是五〇年、一百年後的問題吧？

沒有那麼久。一如前文所述，日本許多地方的人口（包括高齡者）已開始減少。

第二個誤解：人口減少不是能改善人口稠密的狀態嗎？

關於這一點，第一章將詳細說明。事實上日本的人口減少，與人口自鄉下移入都市

（尤其是東京圈，包括埼玉縣、千葉縣、東京都、神奈川縣）有密切的關係。日本各地的人口減少的比率並不一樣，地方的人口急速減少，但湧入都市的人口不斷增加。儘管都市（尤其是東京圈）的人口也將減少，並暫時改善稠密的問題，但未來將比現在還要稠密。

第三個誤解：人口減少是地方的問題，並不會影響東京吧？

東京之所以能維持一定人口，是因為人口自鄉下移入東京。東京的出生率非常低，缺乏人口再生育力。若地方再也沒有人口移入東京，東京終將衰退。

第四個誤解：日本整體人口減少並集中在東京，應有利於提升生產力？

一如前文所述，若鄉下有無止盡的人口能移入東京，的確如此。然而事實不然。人口集中在東京，短期內或許可提升生產力，但長期而言絕非好事。為了使東京持續成長，必須改善人口集中在東京的問題。此外東京也將面臨超高齡化的問題，如何解決此事，將大大影響東京的國際競爭力。

第五個誤解：近年日本的出生率逐漸提升，應可消除人口減少的問題？

由於年輕女性的數量減少，即使出生率逐漸提升，出生數仍會下滑。假設出生率恢復到人口替代水準的二．〇七，在現在出生的孩子開始生養下一代之前，日本的人口仍會持續減少數十年。

第六個誤解：現在才想解決少子化問題，為時已晚了吧？

人口減少已是無法避免的事實，但要維持一定人口，還是得先解決少子化問題。改善出生率的行動只要晚五年，未來的穩定人口就會少三百萬人。解決少子化問題，刻不容緩。

第七個誤解：政策無法影響出生率吧？

事實上，法國、瑞典等國家都是以政策提升出生率。加上日本民眾大多數還是希望能有自己的孩子，只要能從根本強化對抗少子化的對策，效果就值得期待。

第八個誤解：即使是「鼓勵生育制度」完善的區域，出生率也在下滑啊？

日本的出生率下滑，不只是育兒環境的問題，也與晚婚、青年所得等問題密切相關。因此制定解決少子化問題的對策時，必須通盤考量，才能有效提升出生率。

第九個誤解：接受海外移民就能解決人口問題了吧？

只要日本無法大膽地轉換成多民族國家，接受海外移民對解決少子化問題猶如隔靴搔癢。改善出生率，才是解決人口減少問題的根本之道。

本書收錄《中央公論》二〇一三年十二月號、二〇一四年六月號與七月號的論文。當時由於篇幅有限而未刊登的內容，本書將詳細說明。大綱如下：

第一章以《中央公論》二〇一三年十二月號的論文為基礎，說明日本獨特的人口減少結構——我們稱之為「極點社會」，也就是說「人口極端集中於東京一點」。

第二章以《中央公論》二〇一三年十二月號、二〇一四年六月號的論文為基礎，提出針對人口減少問題，中央與地方政府應設置扮演司令角色的機構，並制定長期的綜合對策。

第三章、第四章將以日本創成會議的「人口減少問題檢討分科會」的建言為基礎，分析如何改善人口減少的主因之一：人口的社會移動，同時提出關於少子化問題的建言。

第五章以《中央公論》二〇一四年七月號，北海道綜合研究調查會理事長五十嵐智嘉子女士的論文為基礎，根據上述說明提出具體案例——分析北海道的未來與策略。

第六章將著眼於年輕女性增加率位居上位的地方，分析如何將這些地區分類並根據區域思考如何解決人口減少問題。這部分是全新的內容。

對談篇將整理我在《中央公論》以人口減少為主題進行的對談與座談。

人口減少是無可避免的問題。既然如此，我相信如何建立有希望的未來是我們這一代的使命。當務之急是我們必須要避免人口急速減少，並消除「極點社會」出現的可能性。只要能夠抑制人口減少的速度，就能使人們的生活更加豐饒。這取決於我們每個人的選擇。

第一章　極點社會來臨——八九六個地方可能消失的衝擊

少子化越演越烈

日本已正式邁入「人口減少時代」。人口減少起因於出生數減少，也就是所謂的「少子化」。少子化的主因為「不婚化」、「晚婚化」等結婚行為的變化，以及出生率下滑。日本的非婚生子女非常少，因此結婚行為的變化對人口影響甚鉅。

過去日本女性的生產年齡以二五～二九歲為主。然而二五～二九歲的女性未婚率自一九八五年超過三〇％，到了二〇一〇年更是超過六〇％。由此可知二〇～二九歲女性的生育率大幅下滑。另一方面，三〇～三九歲女性的生育率提升許多，但仍無法彌補前者造成的缺口。

觀察近年的情況，會發現二〇一三年的出生率為一．四三，而出生數約為一〇二萬九千八百人（圖1—1）。日本的出生率於二〇〇五年跌至一．二六後逐年回升，但出生數仍持續減少。這段期間出生率的提升，是拜三五～四五歲女性的生育率增加之賜。然而未來是否能繼續依賴三五～四五歲的女性，未有定數。就日本人口結構來看，一九七一～一九七四年的「第二次嬰兒潮世代」為近年的高峰。其中，一九七四年出生的人到了二〇一三年也已三九歲，可以想見二〇一三年後的女性人數不會更多，只會更少。

圖1-1　日本合計特殊出生率和出生數的變遷

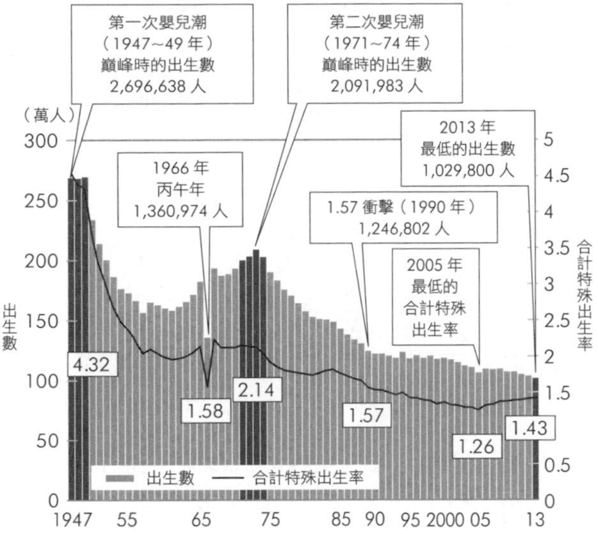

（出處）厚生勞動省「人口動態統計」

也就是說，即使未來出生率提升，出生數仍會減少，無法解決人口減少的問題。日本的少子化問題一發不可收拾。

出生率回升越快越好

日本的出生率這麼低，要提升至人口替代水準（使人口持平的出生率）很困難。日本的人口替代水準為二・〇七，考慮到人口替代水準可能因出生動向等因素而變動，加上人口的國際移動等條件，本書將日本的人口替代水準提升為二．一。假設到了二〇三〇年，日本的出生率能回升至二．一，人口減少的情況就會解除。即使如此，人口必須等到二〇九〇年（也就是六〇年後）才會恢復穩定，停留在九千九百萬人。這種情況符合慣性法則。少子化問題已影響日本數十年，尤其是鄉下，這是日本的人口減少為何如此嚴重的原因。

我們面對此情況，必須立刻採取行動。除了冷靜接受嚴峻的預測，也必須盡早提出有效對策。

比如說，若我們能提早五年，也就是二〇二五年將出生率提升至二．一。那麼到了二〇九〇年，日本的總人口就會比方才的數字再多三百萬人，也就是一億兩百萬人。相反的，若我們延後五年，也就是二〇三五年才將出生率提升至二．一，那麼到了二〇九〇年，日本的總人口就會停留在九千六百萬人。

單純計算一下：出生率延後五年才達到人口替代水準，未來的穩定人口數就會減少三百萬人。不僅如此，若二〇五〇年才將出生率提升至二．一，那麼人口減少的情況得等到二一一〇年才會解除。而且穩定人口數也會減少至八千七百萬人。相信不用說各位都知道，只要出生率低於二．一，日本的人口減少問題就無法改善。

以疾病比喻，人口減少問題就像慢性病，無法簡單痊癒，但只要盡早改善體質，治療效果就能提升。

人口減少的三個階段

讓我們來看一下，未來日本的人口減少將如何發展。

表1—1根據社人研「日本將來預估人口」（二〇一二年一月）的數字製作。二〇一〇年，日本的總人口超過一億兩千八百萬。照現在的狀況下去，日本的總人口將於二〇四八年下滑至一億，並於二一一〇年跌破五千萬。

圖1—2簡單以數字呈現人口減少的過程。觀察這張圖會發現，二〇一

表1-1　將來預估人口（2012年預估至2110年止）

【平均預估合計特殊出生率1.35】

	2010年	2040年	2060年	2090年	2110年
總人口（萬人）	12,806	10,728	8,674	5,727	4,286
老年人口（65歲以上）（萬人）	2,948	3,868	3,464	2,357	1,770
高齡化率（%）	23.0	36.1	39.9	41.2	41.3
工作年齡人口（15~64歲）（萬人）	8,174	5,787	4,418	2,854	2,126
幼年人口（0~14歲）（萬人）	1,684	1,073	792	516	391

（備註）根據國立社會保障•人口問題研究所「日本將來預估人口（二〇一二年一月預估）」製作。

圖1-2　未來人口動向「人口減少三階段」

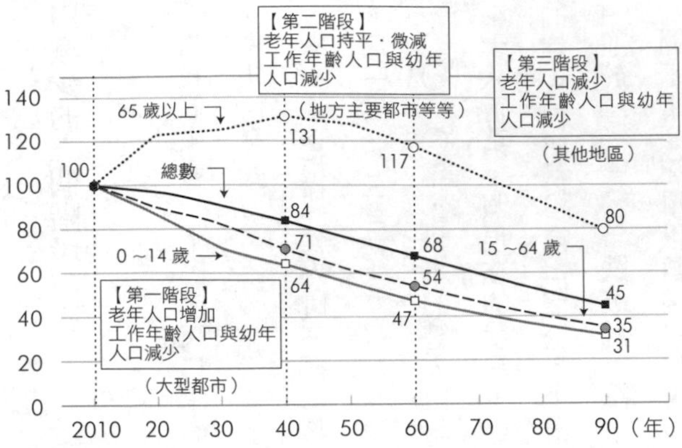

（備註）
1. 根據國立社會保障•人口問題研究所「日本將來預估人口（二〇一二年一月預估）」製作。
2. 以二〇一〇年人口一〇〇為假設，將各年度人口指數化。

〇～二〇九〇年，十四歲以下的「幼年人口」、十五～六四歲的「工作年齡人口」將持續減少。相對的，六五歲以上的「老年人口」會增加至二〇四〇年並微幅增減數年，到了二〇六〇年，老年人口也會減少。結果將造成日本總人口緩慢減少至二〇四〇年，爾後就會開始迅速減少。

日本的人口減少預計會經過下列三個階段：二〇四〇年前的第一個階段是「老年人口增加＋工作年齡與幼年人口減少」、二〇四〇～二〇六〇年的第二個階段是「老年人口持平＋工作年齡與幼年人口減少」，至於二〇六〇年後的第三個階段則是「老年人口減少＋工作年齡與幼年人口減少」。

城鄉差距造成「人口移動」

根據上述資料，日本人口將於二〇四〇年後大幅減少。

然而值得注意的是，人口減少三階段是以日本整體為對象。若個別觀察，會發現不同區域的情況相差甚遠。大都市或地方政府所在城市，現在或許處於第一階段；但許多地方早在三十甚至五十年前就有人口減少的問題，因此可能已處於第二或第三階段。

「人口減少」問題絕非「未來」，而是「現在」（圖1—3）。

城鄉會有如此巨大的差距，起因於日本獨特的「人口移動」。

戰後，日本人口曾三次大量自鄉下移入城市。

第一次是一九六〇～一九七〇年前半的高度成長期。一九六一年，城鄉的經濟力差距來到高峰（資料來自二〇一四年《通商白書》），大量年輕人自鄉下移入三大都市圈（東京圈、關西圈與名古屋圈），成為重化學工業的勞工。

圖1-3　不同地區的人口動向差異

○不同地區未來人口動向的「減少階段」將會有很大的落差。
○相對於東京特別區和中核市、特例市（前者人口須達三十萬人以上，後者須達二十萬人以上）等都市區在「第一階段」，人口在五萬人以下的地方都市處於「第二階段」，而人口過疏地區則急速進入「第三階段」。

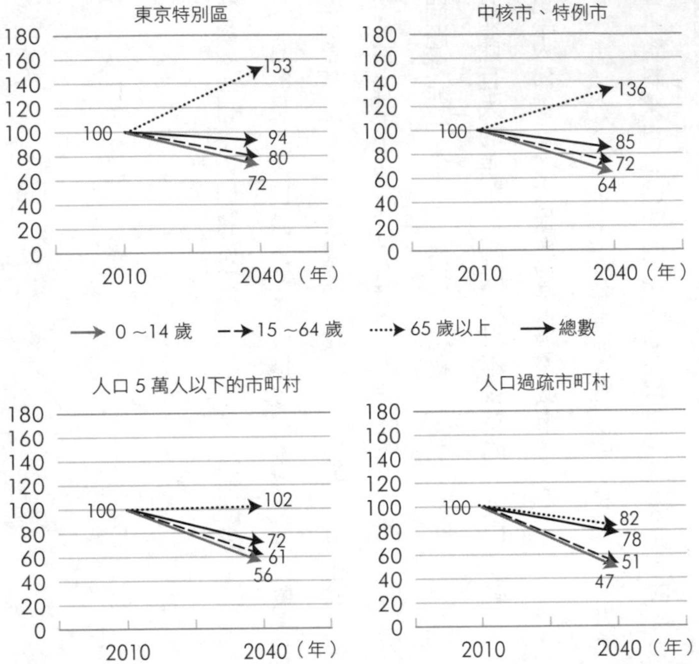

（備註）
1. 根據國立社會保障・人口問題研究所「日本各地區將來預估人口（二〇一三年三月預估）」製作。
2. 各類別加總後，以二〇一〇年人口一〇〇為假設，將二〇四〇年人口指數化。

另一方面，一九七〇年代第一次石油危機爆發，而日本經濟從高度成長期轉為穩定成長期。加上工廠自大都市遷至地方，經濟力的城鄉差距得以縮小，使許多人自都市返回故鄉（通稱U字迴轉）、或是移入地方政府所在地（J字迴轉）。關西圈、名古屋圈的人口則因人口移出等情況而持平。

第二次人口移動發生在一九八〇～一九九三年，歷經泡沫經濟時期。儘管當時東京圈的服務業、金融業等產業顯著成長，但地方的重化學工業則因日幣升值而陷入窘境。此事導致經濟力的城鄉差距逐漸擴大，使人口流入東京圈。反觀關西圈、名古屋圈的人口仍持平，增減幅度較小。

隨著泡沫經濟於一九九三年瓦解，東京圈、地方政府所在城市的景氣變差，經濟力的城鄉差距也就縮小了。同時，人口也開始回流至地方。

第三次人口移動發生在二〇〇〇年後，因日幣升值衝擊製造業、公共事業減少、人口減少等情況，使地方經濟與就業情況惡化。因此年輕人再次自鄉下移入東京圈，而此趨勢一直持續到現在（圖1—4）。

值得留意的是，一直持續到現在的第三次人口移動，與第一次、第二次的性質有所差異。第一次、第二次的人口移動起因於大都市的就業規模擴大，也就是所謂的「拉

圖1-4　人口社會移動的變遷

至今為止歷經過三個大規模人口移動時期

三大都市圈及地方圈人口移動（遷入超過人口數）的變遷

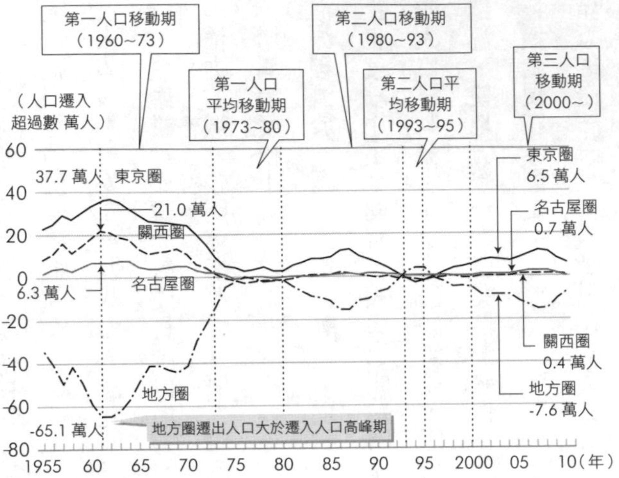

（出處）總務省「住民基本台帳人口移動報告」

（注）上列地區區分方式如下：
東京圈：埼玉縣、千葉縣、東京都、神奈川縣。名古屋圈：岐阜縣、愛知縣、三重縣。關西圈：京都府、大阪府、兵庫縣、奈良縣。三大都市圈：東京圈、名古屋圈、關西圈。 地方圈：三大都市圈以外的地區

型」；而第三次人口移動則起因於地方的經濟、雇用力下滑，也就是所謂的「推型」。

儘管包括非正式員工增加等惡劣情勢，大都市的就業機會也並非充滿吸引力，但日幣升值迫使製造業移往海外、公共事業減少導致建設業銳減、高齡者等人口減少造成消費力低迷，年輕人在地方找不到工作而被迫外流。這象徵著地方的就業規模

已逐漸瓦解，並走上「消滅」一途。

年輕人移入大都市加快人口減少的速度

自鄉下移入大都市的人口，累積至今約有一一四七萬人（一九五四～二〇〇九年），數量龐大。此人口移動的特徵在於，移動的幾乎都是年輕人。若將正值適育年齡的年輕人視為「人口再生育力」，等於自鄉下外流的不只是人口，還包括「人口再生育力」——這是地方人口減少且速度驚人的主因。

另一方面，大都市儘管因年輕人移入而增加人口，但都市並非理想的成家環境，因此自鄉下移入大都市的年輕人的生育率遲遲沒有起色。一如日本首次結婚的人年齡上升的現象所顯示，不只都市環境不適合成家，自鄉下移入大都市的年輕人亦無法獲得雙親等長輩支援。加上年輕人大多住在公寓、大樓，甚少與鄰居往來，這些都是導致自鄉下移入大都市的年輕人生育率低迷的原因。

不只是日本，大都市生育率低迷的情況亦出現在其他許多國家。只是日本由於年輕人大規模移入大都市，加快了人口減少的速度（圖1—5）。

「可能會消滅的地方」是指？

人口持續減少至沒有居民，那麼地方就會失能。那麼，我們要以什麼樣的指標來預測可能會消滅的地方呢？

事實上，目前並無定論。根據國土交通省國土省議會的「國土長期展望」與「中程目標」，人口規模無法維持生活服務產業屬於指標之一。人口減少導致地方的社會經濟與居民生存基礎瓦解並逐漸消失的過程並不明確，而相反的「能否永續發展」亦然。

本書著眼於人口的「再生育力」。指標為適育年齡的女性生育女童的比例，稱「總再生育率」，而將出生女童的死亡率併入計算之後，則稱「純再生育率」。我們製作指標

圖1-5　日本人口減少的過程

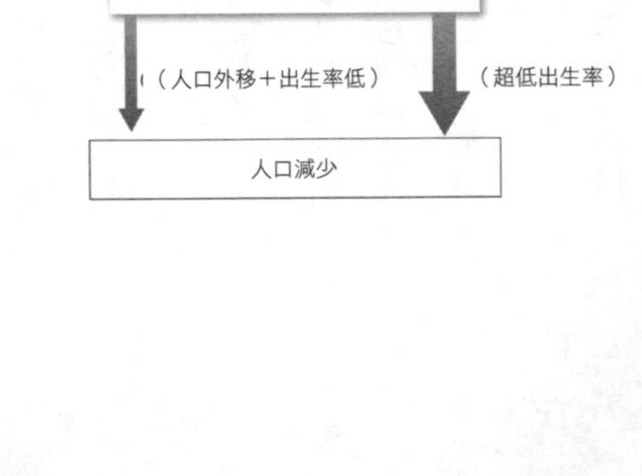

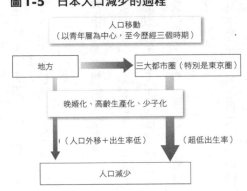

時可加上人口移動率，但此處僅以再生育力的重要角色「二十～三九歲的女性人口」為對象進行探討。這是因目前出生的孩子有九五％是由二十～三九歲的女性生產。只要二十～三九歲的青年女性人口不增加，人口的再生育力就會持續下滑，而導致總人口減少。

重點在於減少的速度。接下來我將探討幾種情況。

首先，第一種情況為女性從出生後至二十～三九歲，幾乎沒有外流。在此情況下，若全國平均出生率維持現在的一．四三，那麼到了二〇四〇年，二十～三九歲的女性人口將會減少三成。要維持一定人口，必須將出生率提升至二．〇左右。

第二種情況為男女於出生後至二十～三九歲皆外流三成左右，在此情況下，若出生率維持現狀，那麼到了二〇四〇年，二十至三九歲的女性人口將會減少一半。六十至七十年後，甚至會減少八成。這些地方若要維持一定人口，必須將出生率提升至二．八至二．九左右。

就第二種情況而言，即使將出生率提升至二．〇，到了二〇四〇年，二十～三九歲的女性人口仍會減少四成。六十至七十年後，則會減少六成。也就是說二十至三九歲的女性人口減少，將於一百年後影響總人口。

這些地方再怎麼提升出生率，年輕女性的外流都會使人口減少的情況更加惡化，最終導致地方消滅。

目前日本有多少地方的年輕女性迅速減少呢？根據社人研的推估，二〇一〇～二〇四〇年的三十年間，二十～三九歲的女性人口減少五成以上的地方有三七三個（佔整體的二〇．七%）。其中，二〇四〇年人口不滿一萬人的地方有二四三個（佔整體的一三．五%）（圖1—6）。

圖1-6　2010年至2040年「20～39歲女性人口」將減少5成以上的市區町村

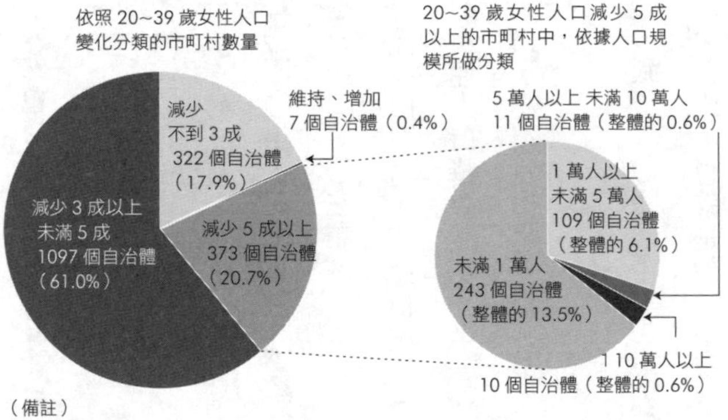

（備註）
1. 根據國立社會保障・人口問題研究所「日本各地區將來預估人口（二〇一三年三月預估）」製作。
2. 二〇〇三年以前指定之十二個政令指定都市，以行政區為單位來推算，但不包含福島縣自治體。

人口移動不會趨緩

在社人研的推算中，人口移動將出現一定程度的趨緩。這樣的前提對人口推算而言算是合理。

然而自鄉下移入東京的人口真的會趨緩嗎？我們認為答案是否定的。觀察人口流動至今的情況會發現，移入大都市圈（尤其是東京圈）的人口，與所得差距、就業情況的差異密切相關（圖1—7）。因此我們很難期待地方與大都市圈的經濟、就業等差距能夠縮小。

此處關鍵為「醫療、照護領域」的動向。醫療、照護領域為目前勉強支撐地方就業規模的產業。根據國政調查，除了東京、沖繩，二〇〇五～二〇一〇年各區域的就業人數都在減少。相對於此，各區域醫療、照護領域的就業人數都在增加。

未來地方的人口減少將會邁入下一階段，亦即連高齡者都將停滯、減少。如此一來，醫療、照護的需求亦將停滯甚至減少，其就業規模很有可能會就此縮小。

另一方面，各地的高齡化會有時差。至今移入大都市圈的人口將會一口氣高齡化，而醫療、照護需求亦會大幅增加。

圖1-7　往東京圈的人口移動（人口遷入超過數）與求職錄取率的變遷

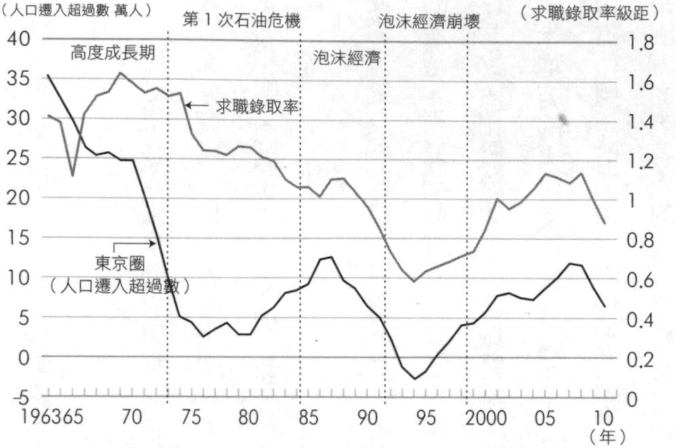

（出處）總務省「住民基本台帳人口移動報告」、厚生勞動省「就業服務案件統計」
（備註）這裡的「求職錄取率級距」，是以東京圈（埼玉縣、千葉縣、東京都、神奈川縣）的求職錄取率（錄取人數／應徵人數）除以東京圈以外地區的求職率取率所得出的數字。

尤其是東京圈，東京圈的高齡者將於二〇四〇年前達到三八八萬人，相當於現在橫濱市的人口。屆時高齡化率為三五%，屬於超高齡社會（圖1—8）。工作年齡人口將會減少四成，每十萬人中的醫療人員與照護人員也會降低，而導致醫療、照護資源不足的情況惡化。這種情況只能以「絕望」來形容。目前勉強支撐地方就業規模的醫療、照護領域的人才，將大量自鄉下移入東京圈。

即使觀察人口變動對就業人數的影響，這種傾向也很明顯。只要工作年齡人口的定義與目前的就業

圖1-8　2010年至2040年東京周邊地區75歲以上人口增加率（以二次醫療圈為單位計算）

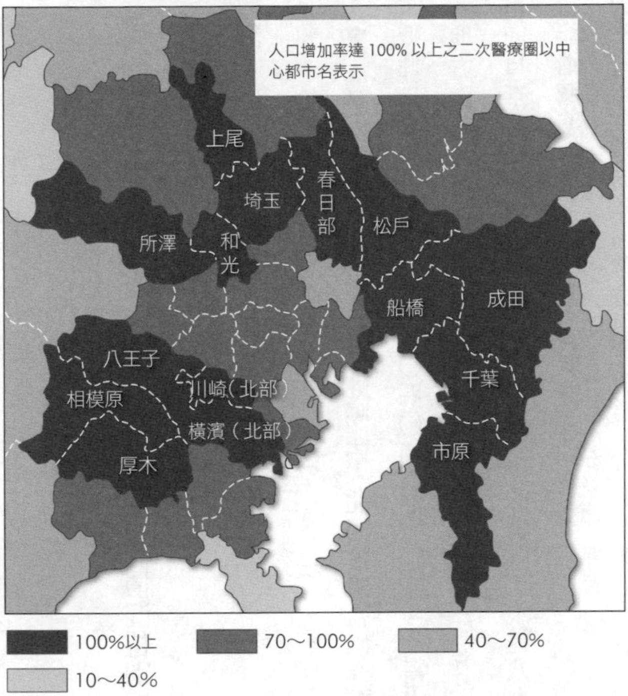

2010 年至 2040 年東京周邊地方 75 以上人口的增加特別顯著。千葉縣西部、埼玉縣東部．中部、神奈川縣北部從 2010 年至 2040 年的 75 歲以上人口增加 100% 以上。

（備註）二次醫療圈為複數個市町村所組成的醫療地區

（備註）根據高橋泰（2013）「從醫療需求高峰和醫療福利資源等級的地區差異重新建構提供醫療福利的制度」第 9 回社會保障制度改革國民會議資料製作

率沒有改變，包括東京圈的就業人數就會大幅減少。因此，以東京圈為主的醫療、照護需求將會持續擴大。到了二〇四〇年，這將是人口自鄉下移入東京圈的主因。

在八九六個可能消失的地方中，五二三個地方的情況特別嚴重

假設人口移動不會趨緩，會發生怎麼樣的情況？

此推算的基礎為社人研的報告「二〇一〇～二〇一五年的人口移動情況（每年約有六～八萬人移入大都市圈）」（一般社團法人北海道綜合研究調查會製作）。

根據此推算，二〇一〇～二〇四〇年之間，二十～三九歲的女性人口減少至五成以下的地方數將遠遠超過目前的情況，達到八九六個地方，佔整體四九・八％。事實上，目前日本有五成地方面臨人口迅速減少的情況。上述八九六個地方，即為本書所指的「可能消滅的地方」（圖1—9與卷末資料）。

觀察日本全國的傾向會發現北海道、東北區域（不包括福島縣）有八〇％、山陰區域有七五％、四國區域有六五％屬於可能消滅的地方。反觀東京圈，只有二八％左右屬

圖1-9　人口持續移動的地方中「20～39歲女性人口」減少5成以上的市區町村

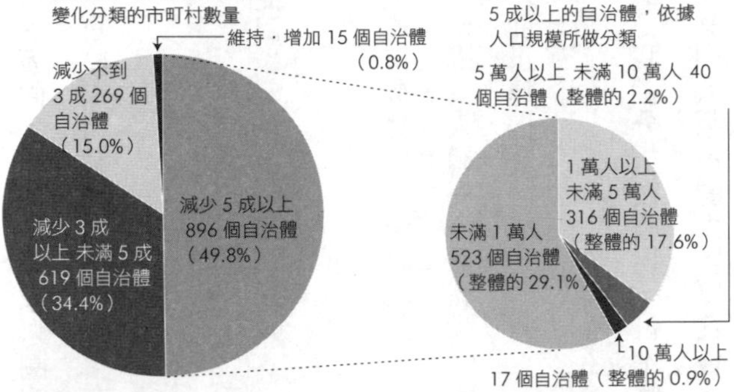

（備註）
1. 根據國立社會保障•人口問題研究所「日本各地區將來預估人口（二〇一三年三月預估）」製作。
2. 以人口持續移動為前提所做的預估，是用二〇一〇年到二〇一五年人口的社會純增數（淨遷移率為正數的項目合計）與社會純減數（淨遷移率為負數的項目合計），以相同水準來預測往後的演變。年次別、性別、年齡層（未滿 85 歲為止）的淨遷移率則是由正數的淨遷移率與負數的淨遷移率，各別乘上固定的調整率所推算出的結果。
3. 二〇〇三年以前指定之十二個政令指定都市，以行政區為單位來推算，但不包含福島縣自治體。

於可能消滅的地方。

以都道府縣來看，可能消滅的地方佔八成以上的地方有青森縣、岩手縣、秋田縣、山形縣、島根縣，而佔五成以上的地方有二四個。

此外到了二〇四〇年，在八九六個可能消滅的地方中，將有五二三個地方的人口不滿一萬人，佔整體的二九．一%。這些地方消滅的可能性更高了。

在社人研推算中，九州區域中二〇～三九歲的女性人口減少至五成以下的地方較少，但以人口移動不會趨緩的前提來看，九州區域可能消失的地方迅速增加。這是因為九州區域的出生率相當高，但人口外流的情況亦非常嚴重，而使當地無法永續發展。

另一方面，東京都等東京圈的人口也會減少。然而加上自鄉下移入東京圈的人口，而使東京圈人口減少的比例停留在一成左右。

「極點社會」形成

上述情況會於某個時間點，一口氣變得顯著，但人們發現時很可能為時已晚。

這是因為人口「自然減少」的速度緩慢，但年輕人外流的「社會減少」會使人口減少的速度迅速提升。

那麼二〇一〇～二〇一四年，「二十～三九歲的女性人口減少」屬於自然減少或社會減少？我們分析後發現，日本整體都有自然減少的情況，但社會增減會因區域而有所差異。其中大都市圈大多屬社會增加，包括東京都有三成、大阪市、名古屋市有一成，而福岡市有兩成；其他區域幾乎都是社會減少，甚至減少八成以上。

這種情況就像是東京圈等大都市大量吸收日本整體人口，而導致鄉下許多地方消失。結果導致人口極端集中於大都市圈，使民眾生活於人口稠密的社會——我們稱之為「極點社會」。相較於其他先進國家，日本極點社會的情況十分明顯。圖1—10為戰後，各先進國家主要城市人口佔總人口的比例：①東京圈的人口佔日本總人口的比例於戰後大幅增加，而其他先進國家沒有這樣的現象。②東京圈的人口比例遠比其他先進國家的主要都市來得高。③東京圈的人口比例目前仍在增加。

再這樣下去，就會形成「極點社會」。這是日本獨特而其他先進國家沒有的課題。

圖1-10　已開發國家主要都市人口佔全國人口的比例

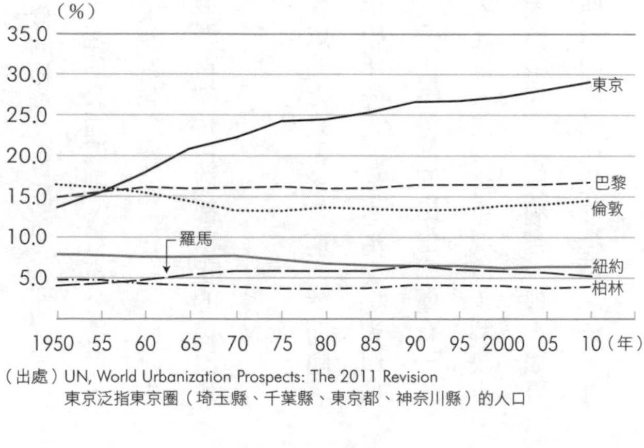

（出處）UN, World Urbanization Prospects: The 2011 Revision
東京泛指東京圈（埼玉縣、千葉縣、東京都、神奈川縣）的人口

人口的黑洞現象

當地方消失而只剩三大都市圈（尤其是東京圈），這樣的極點社會能否永續發展？二〇年前日本曾經討論人口集中於東京出現的弊害，包括交通混亂、汽車公害等，然而當時亦強調地方發展「規模經濟」（單一作物收穫量遞增）、「範圍經濟」（同時生產複數商品、服務而使成本降低）以及「聚集經濟」（發展當地特色或都市化的經濟效果）等好處。

當然，若大都市日益強大能使日本整體永續發展，民眾的未來希望無窮。然而隨著人口減少的情況惡化，如此樂觀的預測已不適用。隨著供給年輕人的地方消失，人口稠密的大都市圈的出生率又遲遲沒有起色。尤其是二〇一三年東京都的出生率僅有一・一三。未來為了解決高齡化問題所需的費用將迅速增加，因此投入改善育兒環境等解決少子化問題的財源有限。由此可知，未來出生率不太可能大幅增加。在此順帶一提，繼東京都之後，出生率次低的區域為京都府（一・二六），而最高的區域是沖繩縣（一・九四）。整體而言，地方的出生率比都市的出生率高。

人口稠密區域的出生率低，此現象亦出現於新加坡（一・二〇）和香港（一・二〇）（兩者皆為二〇一一年的數據）。由此可知，許多國家都有人口自鄉下移入大都市圈而導致出生率下滑的情況。

如此一來。只有大都市圈存在的「極點社會」將使日本總人口持續減少。這就像是宇宙中的一點吸入許多星體般，亦即「人口黑洞現象」。為提升日本整體的出生率，減緩人口減少的速度，必須改變人口自鄉下移入都市的現象。

「極點社會」在因應經濟變動方向會遭遇許多問題。「極點社會」的大都市會出現追求聚集效果的經濟結構——這是一種無法因應巨大經濟變動的「單一結構」，包括無法因應大地震等大規模災害。「極點社會」最大的課題之一是，震央在首都下的淺層地震等部分區域的大規模災害，可能會癱瘓日本全國。

就這一點而言，日本必須避免「極點社會」形成，並協助地方獨立、多元而永續發展。

透過本章了解實際情況後，接下來我將說明具體對策。我們該如何預防人口減少的問題近期對日本帶來的危機？很可惜，我們已沒有多少時間可以尋找答案，且答案有限。一如我在序章提及的，毫無根據的樂觀很危險，毫無根據的悲觀也無濟於事。

（日本創成會議／人口減少問題檢討分科會）

第二章　日本需要的國家策略

超越「宏觀政策」與「地方分權理論」

我們該如何做才能避免第一章提及的「極點社會」，並使地方永續發展？

推行金融、經濟等宏觀政策不足以解決問題，甚至有可能使經濟力突出的東京圈更加強大，導致城鄉差距不減反增，進而加快地方消滅的速度。因此，現在推動政策應該自鄉下著手。

然而，政策的討論必須超越地方分權理論[2]。或許目前人口減少並集中於大都市圈等情況，與過去的國家政策有關。然而若以「中央政府 vs. 地方政策」的結構，單純將中央政府的權限轉讓給地方政府，無法解決眼前的課題。過去日本小泉純一郎政權就曾推動「三位一體改革」，將中央政府的財源轉讓給地方政府，導致各地方政府的稅收出現差距。只要人口持續集中於大都市圈，提出地方分權理論亦莫可奈何。

現在我們必須解決的課題是關係到國家、社會能否永續發展的「人口」問題，亦是透過資源配置的基礎使國家發揮經濟、社會機能的「國土利用」。如何描繪藍圖是國家——亦即中央政府——的責任，屬於「國家策略」。

雖說是國家策略，國家應承擔的範圍亦僅止於描繪藍圖，訂出具體計畫建立能使地

2　和中央集權相反，地方分權強調將行政權與財政權委託給地方自治體，促進提高行政效率、使地方財政健全、解決中央地方財權失衡問題等。二〇〇〇年日本在「地方分權關係法」上路後開始相關改革。

方永續發展的經濟、社會結構仍是各地方政府的工作。

過去「國家策略」的失敗

過去日本曾嘗試制定這些國家策略（表2—1）。其中最具代表性的為「日本列島改造論」與「田園都市構想」等，但這些國家策略都無法使地方的人口持平，更別說增加了。

一九七二年，日本首相田中角榮發表日本列島改造

表2-1　以往的國家策略

年	名稱	重點
1960	國民所得倍增計畫	太平洋工業帶構想
1962	全國綜合開發計畫（一全綜）	區域間的均衡發展 以據點開發的方式分散工業發展
1969	新全國綜合開發計畫（二全綜）	創造富足的環境 大規模工程開發（新幹線、高速公路、通訊技術等）
1972	日本列島改造論	工業資源重新分配及全國交通、通訊網路
1977	第三次全國綜合開發計畫（三全綜）	人類居住綜合環境整頓 「定居圈構想
1980	田園都市構想（大平政策研究會）	活用地方特色的產業培育，創造活力多樣化的地方社會
1987	第四次全國綜合開發計畫（四全綜）	建構多核心分散型國土 交流網的構想
1998	21 世紀之國土整體設計	為實現多軸型國土構造的長期構想（今後五十年）的基礎建立
2005	國土形成計畫法	修訂國土綜合開發法（一九五〇）
2008	國土形成計畫	符合成熟社會的國土品質提升 全國計畫及大範圍地方計畫

論，企圖同時解決都市人口稠密、地方人口過少的問題，打造美麗而舒適的國土，使民眾安心而富足地生活。田中角榮政權根據各區域發展的可能性，推動產業轉型、支援重新配置工業的交通網絡、於地方建立大學、提升農業生產力、高度運用國土等政策，提倡將太平洋沿海區域的機能移轉至其他區域。

之後，日本陸續推動擴大公共事業、促進工廠轉移等政策。然而儘管所得自都市移入地方，而暫時抑制了人口自鄉下移入都市，但每一項政策的硬體都仰賴中央政府財政支出，而無法擴大地方自主的就業與人口規模。

此外一九八〇年，日本首相大平正芳研究會發表田園都市構想，想透過重新規劃全日本無數大小都市與農山漁村之間的網絡，使社會豐富多元而朝氣蓬勃。之後，大平正芳政權以各種形式推出許多培育特色產業的政策。此舉的效果亦為低空飛過，無法創造足以支撐人口規模的就業市場——這一點可從以下三組數據看出：①東京圈的總面積佔全國三·六%，卻容納逾全日本四分之一的人口，三千五百萬人。②上市企業有三分之二、大學生有四成以上都在東京圈。③東京圈的人均所得為日本全國的人均所得約一·二倍，而東京圈的銀行貸款餘額佔日本全國的銀行貸款餘額一半以上（資料來自橘木俊詔、浦川邦夫《日本的城鄉差距》）

積極的政策與調整的政策

那麼這次的國家策略應如何建立並執行呢？不同於日本在一九七〇、八〇年代的成長，國家策略若方向錯誤，將使日本埋下無法挽回的禍根。

首先，我們必須要立刻設法使人口持平、回升。若此舉成功（具體而言就是出生率達到二．一）最早也要三〇～六〇年後才會看見明顯的效果，在此之前，人口減少的情況還是無法避免。這次的國家策略必須要以此時間軸的觀點來進行。

也就是說，為了要改善人口減少的問題，必須要採取以下措施並行：首先是以人口持平、回升為目標，也要採取「積極」的政策，建立能使地方永續發展的人口與國土結構，另外還必須採取「調整」的政策，降低因人口減少造成的負面影響，包括經濟就業規模縮小、社會福利負擔增加等。

「積極」的政策應以人為觀點來推動。這一點十分重要。至今的地方政策往往都是強調建設等硬體，但是未來「人」才是政策的主軸。

第一目標為「人口持平、回升」。為此，必須支援民眾結婚、懷孕、生產、育兒一系列的行為（我將在第四章具體說明）。

第二目標為「重新配置人口」。必須推動政策，大幅改善人口從鄉下移入大都市圈的問題（我將在第三章具體說明）。

第三目標為「培育與吸引人才」。在人口減少的社會，每個人的能力與資質都非常重要。因此我們必須要積極培育國內的人才，同時設法吸引海外的高端人才。

要看見這些政策的效果，必須花費很長一段時間。在此期間，我們必須以人口減少為前提，推動「調整」的政策，努力降低因人口減少造成的負面影響。此情況可以用撤退戰來形容，而且推動政策時可能會遇到相當大的困難。做為「止血」政策，我們必須要立刻避免人口（尤其是年輕人）自鄉下外流。就這一點而言，我們可以採取培育地方產業以創造地方就業機會、建設大學以留住年輕學子等手法（我將在第三章提及，並在第六章介紹目前各地方政府的措施）。

此外，我們必須提升社會福利的效率。人口減少，尤其是工作年齡人口大幅減少，將增加稅收、保險的負擔。許多地方都在討論社會福利問題，我就不再贅述。然而相信各位都明白，我們必須提升社會福利等公家支出的效率，盡可能降低工作年齡人口的負擔。

設置「綜合策略總部」與「區域策略小組」

為了描繪國家策略的基本構想，國家應該設置猶如中央司令官的組織，並根據基本構想製作並實施具體計畫。此外，地方設置地方司令官也很重要。中央政府與地方政府必須要有一定的共識，為共同目標採取行動。

其實每個地區的情況相差甚遠，為了改善人口減少的問題，有些地區應提升出生率、有些地區應防止年輕人外流。「地方問題由地方決定」，以此思維協助區域採取各種措施。

我們建議內閣建立「綜合策略總部」作為中央司令官，制定國家的長期願景與綜合策略。我們也建議各地設置「區域策略小組」作為地方司令官，討論區域的長期願景與綜合策略，以解決人口減少的問題。

如此一來，就可以根據各區域的實際情況，規劃包括設定「目標出生率」（第四章將詳細說明）的區域人口願景。同時規劃以吸引年輕人的區域都市為主的嶄新聚集結構、各地方政府區域合作的具體構想。思考上述策略時，必須將二〇二〇東京奧運納入討論，刻不容緩。

還有一個重點是，我們必須排除行政機關的「縱向結構」。中央政府制定各領域的計畫時多是以縱向結構進行（舉例來說，國土形成計畫〔廣域地方計畫〕、醫療計畫、照護保險事業計畫等），但對地方政府制定長期願景、綜合策略而言，可能會使作業變得錯綜複雜而缺乏整體性。中央政府必須充分考慮這一點，使綜合策略總部等相關單位合為一體，支援區域重新建構社會與經濟結構。

制定長期願景與綜合策略

之後必須以長期的綜合措施改善人口減少的問題。為此，我們要制定未來二十年左右的長期願景，並根據此願景推動，包括產業、就業、國土運用、住宅、地方制度等綜合策略，而非單純的改善育兒環境。

我將在第三章後說明具體提案。此處，我想先說明未來二十年的策略。

「第一階段綜合策略」（二〇一五～二〇二四年）

在此期間，我們必須立即制定長期願景，根據此願景制定第一階段的綜合策略，並以十年後的二〇二五年為終點、以五年後的二〇二〇年東京奧運為中間點。第一階段綜合策略的基本目標，首重提升國民的目標生育率[3]至一．八，再者是避免人口極端集中於東京這個單一核心。

「第二階段綜合策略」（二〇二五～二〇三四年）

之後必須根據第一次綜合策略的成果與人口動向，檢討並修正策略目標與內容。接著以十年後的二〇三五年為目標，制定第二階段綜合策略。第二階段綜合策略的基本目標為提升生育率至二．一，穩定未來的人口。

（日本創成會議／人口減少問題檢討分科會）

3　想結婚生子的人會有希望可擁有的子女數，而得以達成此子女數所需要的生育率即為目標生育率。因實際上人們可能因為健康、工作及家庭狀況等而無法生育或者放棄生育第二胎，因此目標生育率會比實際生育率高。

第三章　避免人口極端集中於東京單一核心

建立「防衛與反轉線」

一如第一章所示，人口的社會移動對日本的人口減少影響甚鉅。從少子化對策的觀點來看，我們必須改善人口自鄉下移入大都市的趨勢。

為此，我們必須重新建立防止人口自鄉下外流的「水庫機能」，同時強化將年輕人喚回或引入鄉下的機能。地方永續發展的關鍵在於地方對年輕人是否充滿魅力。也就是說，新型態聚集結構的基本方向為建立能夠吸引年輕人的地方主要都市。

另一方面，必須避免鄉下的人口繼續減少。此處重點是在嚴峻的條件下，重新分配有限的區域資源，使各區域扮演不同角色並進行合作。此時必須貫徹「選擇與集中」的思維，集中投資於最有可能避免人口減少的對象與策略。

我們認為應以上述思維於廣域的區域建立能防止人口減少，並使地方發揮各自的能量形成獨特的再生產結構——猶如一條「防衛與反轉線」。

請見圖3—1。下方的區域像樹幹般支撐著上方的區域，而最上方的山林居住地與部分聚落已出現人口迅速減少的情況。「極點社會」的結構與這個巨大三角形類似，且上方區域會日益縮小，最後只剩東京圈。為避免「極點社會」形成，必須建立一條防衛

圖3-1 防衛與反轉線的建立

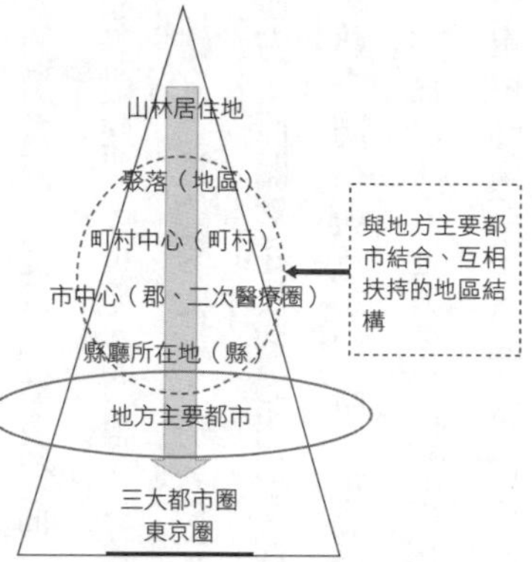

線。

至今日本做了許多的努力，但往往半途而廢且事倍功半。比如說日本曾因人口減少的聚落即將消失，而企圖透過充實聚落的基礎建設避免這個狀況。然而，並非所有聚落都有足夠的財源，結果導致雷聲大而雨點小，無法建立有效的防衛線。

現在如火如荼的地方再生，若仍以此思維推動政策，極有可能重蹈覆轍。日本四十七個都道府縣不可能以相同的政策因應。防衛線必須形成具備規模效益的「再生產結構」，藉由人才與資源集中來創造附加價值。所謂的防衛與反轉線，就是要在防衛的同時反轉情勢。然而就財政與人口的限制來看，能建立防衛與反轉線的都市數量有限。如此看來，地方主要都市扮演非常重要的角色。我們必須將資源與政策集中於地方主要都市，做為地方的據點。

話雖如此，地方主要都市也不能過於突出。地方主要都市必須做為地方的據點，與各區域的生活經濟圈有效結合，於經濟社會層面互相扶持，形成「有機的聚集體」。

對周邊都市、過疏區域的影響

地方主要都市只要具備再生育力，人才與工作自然就會聚集。加上與東京圈相比，地方的居住環境與育兒環境較為友善，若能吸引年輕世代定居，生育率也會提升。不僅如此，只要規模經濟發揮效益，整個地區的商業模式，就能獲得一定基礎。地方主要城市亦可發揮吸引外資與妥善管理的作用。只要地方主要都市的財政轉虧為盈，周邊都市也能創造相同的生活與就業環境，而吸引年輕世代定居。

另一方面，我們無法阻止山林居住地的人口持續減少，但也應該投入最低程度的醫療、照護資源，提供高齡者生活、全程照護所需。同樣的，儘管不是所有區域都能具備完整基礎建設，但至少得滿足「麻雀雖小五臟俱全」的生活機能。

建立上述的防衛線，需要一定成本。因此我們必須使地區具備可以創造附加價值的生產力，而關鍵在於透過出口與觀光獲得外資。

建立防衛與反轉線時，地區的思維不可或缺。以往討論地方行政組織扮演的角色時，往往會落入地方分權理論這樣狹隘的框架。然而我認為建立防衛與反轉線的行政與經濟單位應是國家。因此我們得從討論國家扮演的角色開始，方能避免日本人口減少、國力低下，使各區域重建再生產結構。

以下，我將具體探討對策。

地方主要都市扮演的角色

二〇一四年，日本國會通過法案，建立「地方中樞據點都市」，希望與周圍區域形成網絡，發揮防制人口自鄉下外流的「水庫機能」，於人口減少時期帶動地方經濟。同時，累積更高層次的都市機能。

日本政府提出的地方中樞據點都市或許與本書所謂的地方主要都市並非一致，但有許多共通點。因此我暫且透過後者的定義來說明：

日本政府提出的地方中樞據點都市是指，政府認定的主要都市（人口逾二十萬）且日夜人口比例達到一以上的都市。日本全國目前有六十一個地方中樞據點都市，平均人口為四十五萬人。所謂日夜人口比例，簡單來說是以白天在當地生活的人數除以夜晚居住在當地的人數。因此因通勤或通學而流入大量人口的大都市的日夜人口比例會偏高，而衛星都市則偏低。

「地方中樞據點都市圈」於人口正值退潮期的區域扮演船錨的角色，大幅改善人口自鄉下移入大都市的情況。

基於此觀點，日本政府以新立法的合作協約為各區域分配角色、形成網絡，尤其是以既定都市圈共同投入各地方政府的行政資源。具體來說，包括各地方政府的補助與融資，透過相關措施使財源穩定。

此外，為確保難以參與上述都市圈的區域具備支持居民生活的基礎服務，廣域自治體應積極補強區域內的機能、促進區域內各地的合作。

麻雀雖小，五臟俱全

規模比地方主要城市小的區域在人口減少期間，必須維持「麻雀雖小，五臟俱全」的機能。其中，要提供效率高且效果好的服務應主動出擊，創造全新的價值，而非一味被動防守。也就是說，區域結構連結起各據點之間交通與資訊的網絡，提升行政、醫療、福利、商業等服務業的效率與質量。在此同時，透過全新的聚集結構使人、事、物與資訊頻繁交流，創造並革新區域的價值。

地方都市應以公所等政府單位為中心，重新規劃區域功能並與周邊結合，形成區域的公共交通網絡。

具體而言，就是重新規劃據點與公共交通網絡，讓各區域得以實施各自的不同策略定位。比如說將醫療設施集中在中心，就同時使周邊區域前往醫療設施有完整的巴士路線。為此，必須盡可能充實GIS（地理資訊系統），以此公開醫療、福利、購物、商業交通等地理空間資訊，並進行模擬。

另一方面，距離中心較遠的區域得將商店、診所等日常生活所需的設施與場域聚集於步行即可抵達的範圍，做為當地的據點。同時加強連結周邊區域的預約巴士（依照個別使用者需求運行的巴士）等，就能在人口持續減少的情況下，促進區域永續發展。

此外隨著人口減少、據點縮小，可以想像許多公共設施等會空出來。我們應運用這些空地作為居住空間、防災空間、市民農園等；運用空屋為有意平日住在都市、週末前往鄉下的人（又稱I字迴轉）提供短期住宅。思考如何使用空地與空屋時，必須要回歸自然。

打造吸引年輕人的環境

那麼我們該如何避免人口自鄉下移入東京圈等大都市圈，同時吸引年輕人移入地方？其實人口移動的契機包括「進入大學、專門學校等就讀」、「首次就業」、「四十歲後轉職、重新出發」、「退休」四種。為了改變人口移動的趨勢，必須在上述時間點吸引人口移入，並努力創造上述時間點以外的契機。

首先是初中等教育。若公立學校的系統能滿足孩子的學習能力與動機，而不需要依賴補習班，或許就能吸引家庭移入沒有補習班的鄉下。

再者是幼年、青少年期的教育，讓他們透過體驗插秧、割稻等農作體驗一週左右，亦可有效吸引年輕人移入鄉下。

最後是大學、研究所教育。可以考慮運用網路的E化教育，使在鄉下的人也能取得與東京圈的大學相同的學位。同時為吸引大學等研究機構進駐鄉下，應強化地方大學的機能。比如說，整合鄉下的國立大學與公立大學，而培育以地方大學為核心的研究組織與產業，如此一來，或許能吸引有才能的年輕人。為此，必須建立使產官界能有效投資地方大學的制度。

現在年輕人之所以移入大都市，主因是鄉下缺乏吸引年輕人的就業機會。過去許多年輕人即使前往大都市的大學就讀，取得學位後仍會回到故鄉的企業或地方政府就職。這就是所謂的「U字迴轉」、「J字迴轉」（回到距離故鄉很近的主要都市）。然而近年選擇不回到故鄉的年輕人（尤其是女性）越來越多。

比如說，我們是否可以考慮建立提供返鄉青年五年一百萬補助的機制？而對留在鄉下的年輕人，地方政府應積極協助並促進異業交流的社群形成。舉例來說，讓進入地方中小企業工作的年輕人參加與其他公司合辦的「入社典禮」、「共同研習」等，同時鼓勵年輕人於地方大學（研究所）進修。這些都能減輕年輕人擔心返鄉會使人際關係變得狹窄的不安。此外，讓有孩子的家庭能居住在靠近地方主要都市的區域，並提供「附設托育服務的住宅」亦很有效。

鼓勵中高年移居鄉下

現在有越來越多四十歲後轉職、重新出發的人有意願移居鄉下。對有意願移居鄉下的族群，必須以「全國移居地圖」的形式提供詳細資訊。

此外，包括日本總務省「區域創生協力隊」、農林水產省「鄉下工作小組」等協助民眾移居地方的措施成績斐然，而支援退休者移居鄉下務農的措施也很有效。

為提升中高年人口自東京圈移入鄉下的機會，應使有意願移居鄉下的族群對將來考慮移居的區域有具體的認識，並強化兩者之間的連結。此時必須採取的措施為「故鄉稅」，要促使有意願移居鄉下的人們採取具體行動，這是最好的方法。目前東京圈強力推動「故鄉稅」，將持續對特定區域繳納「故鄉稅」的人納入候補，頻繁地提供詳細資訊。

討論移居，住宅是相當大的問題。我們可以考慮為「以（東京圈的）屋換（地方圈的）屋」的人提供稅務優惠。

一如前文所述，東京圈等大都市未來將迅速高齡化，導致醫療、照護服務出現缺口。我們必須鞏固大都市醫療、照護服務的基礎，同時預測選擇自都市移入鄉下的高齡者也會增加。這種的人口移動，能有效增加地方的就業機會。

就因應需求的觀點來看，我們可以媒合高齡者與地方政府、擴充照護保險法的「居住區域特例」[4]、將高齡者居住的住宅出租給年輕族群等，以鼓勵高齡者移居鄉下並減

4 在國民健康保險、照護保險等社會保險制度中，當投保人離開原本居住地，搬遷入住到外地的照護設施之後，仍然由原居住地的地方政府擔任保險人的特別措施。這是為了防止設有較多照護設施的地方政府因為負擔過大而使財政遭受壓迫。

輕地方政府的財政負擔。

接受高齡者移居的地方政府，必須強化住宅、醫療照護等服務，使高齡者安心居住。具體而言像是提供「以屋換屋」的優惠措施，吸引高齡者移居醫院等措施完善的鄉下。同時，我們應放寬都市中心商業設施的容積率、建蔽率，並運用既有建築做為照護設施、托育設施，使區域的照護服務更加完善。

獨自居住的高齡者未來將迅速增加。地方政府必須確保這些高齡者的移動（預約巴士）、購物、探望、除雪等服務可正常進行，此時應考慮運用民間基礎設施（便利商店、宅配業者等）。

鞏固支撐區域經濟的基礎

接下來，我想探討區域經濟。

隨著日本國內外的經濟環境出現人口減少等變化，日本的經濟結構分為①全球化經濟圈（透過據點配置、投資行動、人才雇用等全球化觀點與各國競爭的經濟圈）、②在地化經濟圈（基本上主要事業為因應區域顧客需求，提供網絡型服務），而兩者將朝共存共榮的方向邁進。

在人口減少的情況下，可以預期許多鄉下會形成「在地化經濟圈」。其中，核心事業為醫療福利、巴士、自來水、教育等。這些區域產業能否穩定成長，端看產官界各事業體是否能在適當管理與財政系統下，有效重整並經營事業。

在地化經濟圈許多核心產業會因人口減少而開始下滑，但醫療福利產業仍潛力無窮。一如第一章所述，未來醫療、照護需求將逐漸集中在東京圈。若能於地方主要城市建立「防衛與反轉線」，鄉下自然而然也會出現需求。加上醫療、照護需求對地方政府的財政有相當大的影響，因此可能對區域經濟影響甚鉅。

然而地方不能只採取防守的態度，必須運用區域資源，主動培育跨足其他區域的企業。為此，利用當地獨特的特色非常重要。舉例來說，包括農林水產品、加工品、時尚、觀光等領域都很有潛力以原創品牌成為區域產業的資源。

重新配置「技術人才」

為建構區域經濟，必須重新配置人才。包括具組織、管理能力的人才，和於市場競爭具有優勢的人才等。在東京等大都市中與各國競爭的大企業，有許多這樣的技術人才，據說逾一百萬人。若能將這樣的技術人才吸引至鄉下，避免「知識的城鄉差距」，也有益於重振區域經濟。

就具體對策而言，協助地方自治體與曾在東京活躍的中高齡人才媒合的機制十分有效——比如說，整理出有意願移居鄉下的技術人才名單並居中介紹。同時，向居住在都市的人提出「四十五歲不妨轉職」的觀念，並提供許多規劃第二職涯的機會。像是地方企業舉辦轉職座談、地方政府舉辦移居說明會、提供來到鄉間「留學」的機會等。加上東京圈的中高年人口大多都有房產，因此也得考量如何協助他們販售房產。此外，一定年齡以上的公務員亦可透過轉調至地方企業、單位，而擁有於地方活躍的機會。

重新建構區域金融體系

重新建構支撐區域經濟的區域金融體系亦有其必要性。

安倍經濟學政策[5]擴大量化寬鬆力道以刺激銀行放款，但存款的增加幅度超越放款，無法改善存貸率（貸款總額對上存款總額的比率）下滑。尤其是鄉下，這種情況更嚴重。地方銀行、信用金庫的存貸率自二〇〇五年的五九％下滑至二〇一二年的四八％。存貸率下滑的資金大多流向國債，區域經濟的資金規模仍持續縮小。

除了區域金融的資金流向國債，地方仍十分依賴附帶擔保比例非常高的「政府信用擔保」貸款。也就是說，資金過度保守使區域金融機構徵信時判斷風險與機會的「審核機制」逐漸失靈。

區域金融體系在區域經濟扮演兩大角色：一為負責向提升區域經濟的「全球化GNT企業」（在小眾利基市場表現優異的全球化企業）和新創企業提供資金。為此，區域金融機構必須具備審核能力，而中央金融機構應派遣相關人才。二為從金融的角度積極為面臨人口減少問題的「在地化經濟圈」（尤其是醫療與照護領域）重新整合事業。區域金融機構在人口持續減少的區域扮演相當重要的角色，應以此為基準來重新檢視是否

5　安倍晉三於二〇一二年起再度出任首相時開始推展的一系列財經政策，主體為透過貨幣貶值與促進銀行提供貸款等方式活絡經濟。

妥善發揮作用。

儘管目前還沒有什麼人重視，但可以想見未來因繼承高齡者財產而自鄉下移入大都市的年輕人將越來越多。為維持區域金融體系妥善運作，應考慮成立區域基金等。

農林水產業再興

地方必須將農林水產業視為區域產業的重要支柱，並積極思考如何再興。從事農業的人口長期減少且高齡化，然而近年因政府推動補助民眾投入農業等相關政策，務農青年開始增加。法國因提供「青年務農補助款」而有效增加務農青年，未來日本也應設法協助年輕人投入農林水產業，尤其是一開始投入時的所得較低而難以維持生活，政府的協助十分重要。

此外，在都市居住但生活困頓的年輕人若能投入農林水產業，不僅能確保農林水產業的勞動力，也象徵著年輕人能自力更生。政府應為這些年輕人提供就業資源與交流場域。

為提升農產品的附加價值，推動「六級產業化」（從農產品的生產、加工至販售的一連串過程，結合第一級產業、第二級產業與第三級產業，而1＋2＋3＝6）、「農工商合作」、「農業與觀光合作」、「衛福食農合作」等措施都很重要。除了正式推出「六級產業基金」，也得規劃培育與吸引上述人才的措施。

許多國家對日本料理感興趣，因此日本的農林水產業可以考慮出口。因此，地方可思考如何透過「酷日本」（Cool Japan Fund，對開拓海外需求提供支援的機構）推動區域特產建立品牌、運銷海外，同時加快辦理相關手續的速度。

全球森林已越來越少，而日本於戰後種植的森林，此時不用，更待何時。運用也是促進維護的一環，對國土保全有相當程度的效果。運用森林時應確實使樹木各部位派上用場，包括使用當地木材興建住宅與公共建設、擴大使用中高層建築亦使用的木材——日本產CLT（Cross Laminated Timber）、促進木材出口、運用木材製作生質能源等，進而立基於區域資源以創造更多就業機會。

趁東京奧運使東京圈轉型為國際都市

前文我提及鄉下未來可以採取的行動，最後我想討論一下東京圈。東京圈至今持續吸收日本國內的人才與資源，帶領日本成長。然而第一章曾提及東京圈未來將形成超高齡社會，而且東京圈的出生率下滑是破壞日本再生產結構的元兇。未來東京圈不能再無止盡地吸收鄉下的年輕人。

若不做任何改變，相當規模的年輕人將持續移入東京圈。然而專家指出，未來很有可能發生震央在首都圈的淺層地震，當人口極端集中於東京一處，兩相加乘將有可能造成極大的災害。因此就災害風險的層面而言，這樣的情況也必須改善。

東京圈是世界屈指可數的國際都市，必須與地方主要都市建立相輔相成的關係。第四章將說明如何解決少子化問題，而站在增加勞動力的觀點，日本必須接受海外移民——重點是具備高度技術的人才，而不只是單純的勞動力。大舉接受海外人才與資源，能使東京具備來自全球的多元性。

在思考鄉下與東京圈的關係時，二〇二〇年的東京奧運暨殘障奧運象徵著相當大的意義。舉辦奧運的確有可能使人口更加集中於東京圈，但只要在舉辦奧運時推動重新規劃日本整體國土的政策，就有機會改善人口極端集中於東京的情況。

我相信未來需要進一步研究，僅在此提出一個想法：

歐洲、亞洲各國也和日本一樣面臨高齡化的問題，而東京奧運是宣傳日本如何因應高齡化、人口減少等問題的大好機會。若從現在開始行動，到了二〇二〇年，日本就能呈現包括運用醫療福利設施、巴士轉運站等交通設施、公有不動產（Public Real Estate，PRE）等資源，建設因應多元居住需求的住宅，打造環保、高齡樂活、親子友善的「未來都市」。

如果能在各區域率先實施上述措施，並實際做出成功案例，在東京奧運後的二〇二〇年代，日本即可於全國導入改善人口減少問題的都市模型。在二〇二〇年代，除了地方的公共設施，醫院、巴士等區域資源也需要更新。因此是地方建立嶄新「聚集結構」的好機會。此事對東京奧運後景氣走低、建設投資平準化亦有益處。

（日本創成會議／人口減少問題檢討分科會）

第四章　實現民眾的「目標」——解決少子化問題

「目標出生率」為一・八

第四章將探討如何避免人口自鄉下移入東京圈，並解決少子化問題，作為改善人口減少問題的對策。

首先，解決少子化問題的基本目標，是實現國民的目標出生率。為此，必須排除想要生孩子的人可能遭遇的阻礙。不過，目標出生率只是判斷政策是否適當的評價標準，而不能強迫民眾配合。

目前可以認定民眾的目標出生率為一・八：根據二〇一〇年出生動向基本調查，當前夫妻的理想子女人數為二・四二、預期子女人數為二・〇七，再加上單身女性計畫結婚率為八九・四％、已婚女性的理想子女人數為二・一二，而以圖4－1的算式算出一・八（近年，夫妻的理想子女人數為二・四～二・六、預期子女人數為二・一～二・二，維持相當程度的穩定。另一方面，確實生產人數（結婚十五至十九年的平均生產人數，可視為夫妻確實生產人數的平均值）二〇〇五年回升至二的水準，二〇一〇年則停滯於一・九六。根據上述情況，而計算出預期子女人數）。

現在日本生育率最高的區域為沖繩縣，二〇一三年為一・九四。至於OECD（經濟合作暨發展組織）當中，約半數加盟國的生育率超過一・八。

此外，一九九九～二〇一〇年之間，瑞典的生育率自一・五〇提升至一・九八，增加了〇・五。有了這些案例，就會發現一・八的基本目標不算困難。

若少子化對策發揮效果而使生育率提升，就可以將基本目標調整至使人口持平的生育率（數字來到二・一）。考慮到目前夫妻的理想孩子人數為二・四二，相信以長期來規劃，此基本目標並非奢望。

表4-1 人口的超長期推計結果

	前提（出生率）	2090 年的人口	2010-2090 年	高齡化比例
情況 A	2025 年 1.8	8,101 萬人（不穩定）	▲ 4,705 萬人	31.5%（2095 年）
情況 B	2025 年 1.8 → 2035 年 2.1	9,466 萬人（穩定）	▲ 3,340 萬人	26.7%（2095 年）
情況 C	2025 年 1.8 → 2040 年 2.1	9,371 萬人（穩定）	▲ 3,435 萬人	26.7%（2100 年）
情況 D	2025 年 1.8 → 2050 年 2.1	9,200 萬人（穩定）	▲ 3,606 萬人	26.7%（2105 年）
情況 E	2030 年 1.8 → 2050 年 2.1	8,945 萬人（穩定）	▲ 3,861 萬人	26.7%（2100 年）
中位數	合計特殊出生率 =1.35	5,720 萬人（不穩定）	▲ 7,086 萬人	41.2%（2100 年）

人口的超長期推估

表4—1是以各種生育率為前提的超長期推估值。假設二〇二五年能達成生育率為一・八，二〇三五年能達成生育率為二・一（情況B），那麼日本的總人口就能維持約九千五百萬人。另一方面，若延遲五年實現出生率達一・八、延遲十年才實現出生率達二・一（情況E），那麼日本的總人口就會維持在約九千萬人。情況E的人口較情況B減少五百萬人，由此可見達成目標的時期對將來的穩定人口有相當大的影響（圖4—2）。

此外，假設近年維持相同傾向（中推估[6]），二〇九〇年的人口會減少至五七二〇萬人。

提升生育率除了對穩定人口有所益處，也

圖4-2　超長期人口推計

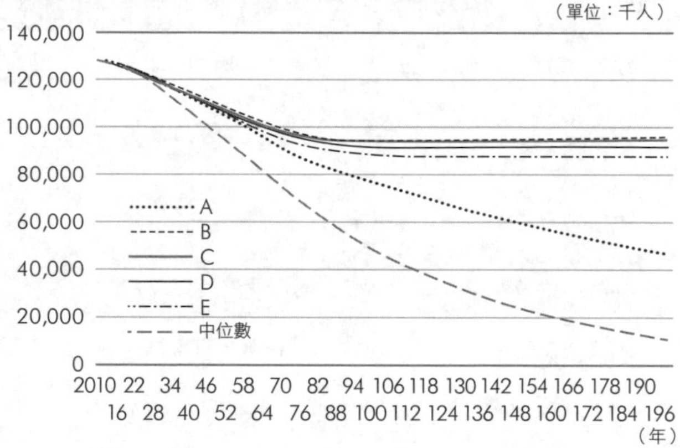

6　進行人口長期推估時，有三種不同的預測。高推估是當政府大力推行鼓勵生育、提供生育誘因的政策，讓生育率可望大幅提升時的期望數值；中推估是持續進行現有的鼓勵生育措施，而生育率只能約維持目前水平；低推估是不推行任何措施，或者措施幾乎無效，與生育率持續下降的情況。

可有效降低高齡化比例。若維持相同傾向（中推估），高齡化比例將於二〇九〇年上升至四一・二％；若生育率提升至二・一，高齡化比例將於二〇九〇年下降至二六・七％（圖4—3）。

關鍵在於二十至二十九歲女性的結婚生子動向。

若目標生育率為一・八，那麼二十五至二十九歲女性的生育率（各年齡之大略生育率）必須達到荷蘭、丹麥的水準。由於日本的結婚率與生育率密切相關（非婚生子女很少），只要將二十五至二十九歲女性的結婚率（現在約四〇％）提升至六〇％，同時帶動三十歲以後的結婚率，即可實現。

若生育率要達到二・一，那麼二十至二十

圖4-3　高齡化比例的變遷

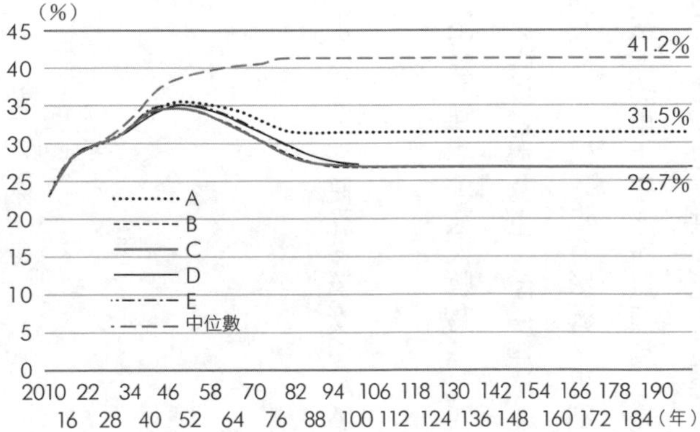

五歲女性的生育率（同前）得達到美國、法國的水準。為此，必須將二十至二十五歲女性的結婚率（現在約八%）提升至二十五%、將二十五至二十九歲女性的結婚率提升至六〇%，同時帶動三十歲以後的結婚率。

青年結婚生子以年收入五百萬日圓為標準

日本二十至三十五歲女性的生育率為什麼如此低迷？那是因為即使許多男女想結婚生子，卻礙於社會、經濟等原因而逐漸晚婚，甚至未婚。

即使結婚也很有可能無法如願生育孩子。目前日本夫妻的理想子女人數為二．四二，但實際情況卻未突破一．七。影響夫妻生產第二胎的原因以經濟為主，而「無法兼顧育兒與工作」、「丈夫參與育兒的比例過低」等育兒服務與工作模式也有影響。更別提生產第三胎在生育、養育與教育得背負多大的負擔了。法國的出生率之所以很高，是因為父母申請育嬰假與縮短勞動時間的情況較有彈性，同時，法國也提供多元的托育服務。日本應該向法國學習。

為了實現目標生育率，得先讓年輕世代如願結婚生子，並具備育兒所需的經濟基礎。二十至二十九歲的單身族群的年收入須達三百萬日圓，三十五至三九歲的已婚夫妻的年收入須達五百萬日圓，才算得上是穩定。若以此為目標，設定青年結婚生子以年收入五百萬日圓為標準，並計畫於期限（例如二〇二五年）內實現，那麼必須推動改善就業環境的政策，避免年輕世代陷入非正式員工等問題造成的困境而無法育兒。

目前非正式員工的比例越來越高。與擔任正式員工的男性相比，非正式員工的男性於二十至三十九歲的未婚率高達兩倍。政府與勞資雙方應透過討論，致力於改善非正式員工的升遷與待遇。比如說促進企業導入「限定正式員工」（特徵為不會轉調至其他區域）等多元形態的正式員工。同時，也要重新檢視大舉錄取應屆畢業生是否適宜，並提供員工升遷所需的外部勞動市場。

本書未大篇幅討論社會福利制度，但為了使年輕人具備結婚的經濟基礎，讓計時員工等短時間勞動者享有勞健保等社會保險也很重要。

協助結婚、懷孕、生產的民眾

接下來，我想探討結婚、生子、育兒時可能遭遇的阻礙。

觀察近年的人口動向，會發現年輕女性集中於都市。此事造成都市的女性比男性多、地方的男性比女性多，男女比例失衡。企業亦然，不同職業與職場大多也有偏重男性或女性的問題。考慮到這樣的狀況，創造使男女邂逅的場域更具意義。目前許多地方政府已在推動，且有一定的效果。期待未來地方政府等公家單位有更積極的作為。

另一方面，日本也出現因民眾晚婚而延遲生育的情況。當然，幾歲生產是每一個人的自由；然而站在醫學的角度，年齡的確是值得考慮的問題。政府應針對各年齡層的男女提供懷孕、生產的資訊，並充實學校教育。日本民眾對於懷孕、生產的知識水準在國際上偏低，必須讓民眾及早了解男女生育能力會隨年齡增加而降低，懷孕、分娩時的風險也比較高。這對民眾在思考人生計畫（結婚、懷孕、生產、育兒）非常重要。

此外，生產後三、四個月的母親在身心層面都需要周遭相當大的支持，而日本缺乏這樣的資源，導致母親對育兒感到不安甚至孤立無援。政府應提供「產後照護」，讓年輕人即使沒有親人協助也能安心生產。

芬蘭在各地設置「詢問站」（neuvola），從懷孕、生產與育兒，提供母親全方面的諮詢服務與必要協助。日本各行政單位缺乏連結與共識，應考慮設置如「詢問站」般的一站式窗口，協助母親懷孕、生產與育兒（包括就業資訊）。

就協助有意願懷孕者而言，應建立不孕症治療等生殖補助制度。站在安全性與效果的觀點，配合醫療技術制定相關法規。

支援育兒

順利生產後，育兒的問題亦堆積如山。

目前都市等地仍有所謂「待機兒童」[7]的問題，得盡早解決。除了促進各方企業加入，地方政府必須確保托育人員數量能滿足需求。

養育孩子的家庭附近必須要有托育設施等「育兒據點」。目前東京都新宿區已有實際案例，要求一定規模以上的電梯大廈必須設置托育設施、運用國小的閒置教室做為兒童放學後的去處等。

7 即使年齡已到、父母也已報名托兒所，卻因為招收名額過少而無法進入托兒所獲得照顧的孩童。

尤其是「零歲嬰兒托育」，必須以綜合觀點重新檢討。目前在大都市，許多父母為了確保一歲嬰兒能托育，而選擇從零歲起就將孩子送托。或許我們可以參考瑞典等國家，讓父母申請育嬰假在家照顧零歲嬰兒，並確保所有一歲嬰兒皆能送托。此方針有益於解決待機兒童的問題，包括提升申請育嬰假的比例、充實托育服務等。此外，有些父母是基於經濟考量而選擇將零歲嬰兒送托，這種情況需要特別留意。

生育、養育與教育的費用，是民眾決定是否會生超過三胎的關鍵。原則上就托育、幼兒教育等服務而言，第二胎應由政府補助半額、第三胎以後應由政府補助全額。此外，政府必須確保納稅制度、社會福利制度等對生育孩子越多的家庭越有利。

目前大都市裡適合三胎以上的多胎家庭的住宅非常少，居住環境也有許多限制。因此可透過公有住宅、UR（都市再生機構）住宅提供多胎家庭使用，並探討如何補助多胎家庭。

支援單親家庭，也是迫在眉睫的問題。政府應致力於協助單親爸爸或媽媽繼續工作，或依照個人意願協助他們再次結婚生子。地方政府應根據單親家庭的需求，建立能夠提供諮詢與各種協助（就業、生活、育兒、教育、經濟等）的機制。此外，過去對單親媽媽的補助應擴大範圍，適用於單親爸爸。

最後，若已婚夫妻在進行不孕症治療後仍無法生育小孩，收養是很重要的選項。對小孩子來說，被收養也是確保「兒童的幸福與最大利益」的方法之一。日本目前對於民間收養機構的法規並不完善，必須加緊腳步調整。

企業改革工作模式

除了上述的重要支援，企業也必須改革工作模式。

儘管女性申請育嬰假的比例逐漸上升，仍有許多問題存在。不說其他的，目前日本約有六成女性因生產第一胎而離職。即使持續工作，也會面臨三十歲前很難申請育嬰假的問題，此事導致三十歲前結婚的女性不願意立即生育，等到三十歲後才生產、申請育嬰假。主要原因在於職場文化認為工作年資要夠長才能申請育嬰假，加上育嬰補助津貼不高，導致缺乏一定積蓄的年輕族群遲遲不願意生育。

此外，目前男性申請育嬰假的比例仍偏低。儘管部分企業已大力推動，但原則上我們必須要容許所有男性都能申請育嬰假。除了擴充「爸爸媽媽育嬰假計畫」（在孩子未滿一歲兩個月之前，夫妻皆申請育嬰假的制度）等制度面，也要鼓勵企業和男性改變觀念。

目前日本的留職停工育嬰津貼是月薪的五〇%，為促進民眾（包括男性）盡早申請育嬰假，日本已立法通過在一定時期之內（育嬰假開始六個月內）必須將留職停工育嬰津貼提高至月薪的六十七%。往後更應該將整個育嬰假內的津貼都調高到六十七%，甚至之後更要提高至月薪的八〇%，讓月薪較低的年輕族群也願意申請育嬰假。

此外，協助父母在育嬰假中持續進修也有其必要性，包括在家訓練、附帶托育服務的職業訓練等，協助父母在育嬰假結束後順利重返職場。依照目前的規定，育嬰假前後必須在同一間公司工作才能申請。然而應設法補助為了生產、育兒而離職的父母，減輕經濟上的負擔。

若中小企業對雇用因生產、育兒而離開職場一段時間的女性有所疑慮，可由政府提供實習名額等，讓中小企業先確認其工作情況再決定是否雇用。

同時，就打造夫妻共同參與育兒的環境而言，企業在安排員工轉調時，應考慮到員工育兒的需求。

立即改善長時間工作的問題

不只是育嬰假出現男女有別的情況。與歐美相比，日本男性（丈夫）參與育兒、家事的比例非常低。根據調查結果，丈夫參與育兒的比例也會影響夫妻生產第二胎的機率。因此必須讓民眾了解，育兒是男女雙方的責任，尤其是男性，應積極參與育兒與家事。

為此，改善日本長時間工作的問題實為要務。與其他國家相比，日本法規中規定的工時上限、加班費、工作時間與休息時間分配等等，都對勞工較為不利。儘管部分大型企業已開始推動禁止加班、提前上下班等措施，但應全面實施目前僅適用於深夜非工作時間的「加班費率五〇％」，以確實縮短工作時間。

為打造適合結婚、生子的環境，女性的工作模式也要更多元，讓女性得以根據自己的人生計畫，選擇工時較長、收入較高的「高壓工作」，或收入較低、工時較短且情況穩定不需轉調的「低壓工作」。當然，這些也應適用於男性。

另一方面，對目標是成為管理階層的女性，與其透過育嬰假、縮短工時讓她們減少工作，取消時間等限制更能降低生產與育兒造成的機會成本，進而提升出生率。為此，企業應考慮將管理模式由固定時間制改為責任制。同時運用ＩＴ技術，推動在家工作等自由選擇時間、地點的工作方式。

企業的社會評價

一如前文所述，企業對年輕人的結婚、生產、育兒有相當大的影響。因此企業（尤其是企業的領導階層）以什麼樣的態度面對，是非常重要的關鍵。

就此觀點而言，積極宣傳採取先進措施的企業（領跑者），就可以有效帶動其他企業。目前日本頒布「KURUMIN」、「白金 KURUMIN」（暫稱）等「育兒友善企業」標章，並以「大和撫子企業」公告積極雇用女性的上市企業，這些都應該積極實施。比如說，公告各企業出生率、育嬰假申請比例等情況，相信積極協助員工生產、育兒的企業能獲得更高的社會評價。目前已有部分企業與地方政府開始公告各企業出生率，未來除了育兒，也可以考慮協助員工結婚、生產。

政府亦可補貼員工「多產」的企業，降低企業於社會保險的負擔（比如說在醫療保險上提供七十五歲以上高齡者補助款、或是減少照護保險中二號被保人[8]的保費提撥額等）。

實現工作生活管理

中小企業或是非正式雇用的員工，比較難以實現工作生活平衡，無法兼顧工作、育兒等家庭生活。為了促進民眾利用育嬰假（一年或一年半）或短期業務（三年）等，必須徹底宣傳相關制度。也可以考慮擴大補助，減輕中小企業因員工申請育嬰假、短期業務造成的負擔。強化工作生活平衡的費用不妨以就業保險財源支應。

此外，工作生活平衡更上一層樓即為「工作生活管理」。在此觀點下，工作與生活不再是「魚與熊掌，不可兼得」，而能相輔相成使民眾度過身心健康的充實人生。目前已有部分企業開始推動，但每個員工應該從自身做起，提升工作與生活雙方面的質量。

8　四十至六十四歲之間的照護保險投保人。

促進女性活躍

能否盡可能運用「女力」，對日本經濟具有重大意義。因為工作年齡人口自一九九五年開始下滑，而女性是工作年齡人口中最大的潛力。

二〇一三年六月安倍政權規劃的「日本再興策略」提出具體方針：在少子高齡化導致勞動人口減少的情況下，為確保各新興領域皆有足夠的人才，必須創造使女性能盡情發揮專長的社會。二〇一四年六月的日本再興策略修訂版亦維持相同方針。

我們必須根據此基本方針，致力於將二十五至四十四歲女性的就業率在二〇二〇年提升至七三％（二〇一三年為六九．五％）。正所謂上行下效，政府應率先積極雇用女性公務員。

為實現此目標，必須三管齊下：①提供企業雇用女性並協助女性兼顧工作與育兒的誘因、②協助女性活躍於人生舞台、③改善環境使男女雙方皆可兼顧工作與育兒。

此外，日本稅制符合配偶扣除額的年收入限額（「一〇三萬日圓門檻」）、社會保險制度適用扶養的年收入限額（「一三〇萬日圓門檻」）、年金制度第三號被保險人[9]制度都對女性就職具有相當大的影響力。就工作方式的選擇、稅制是否不影響個人行為選擇、

9 日本國民年金制度中，公司員工或公務員所撫養的配偶在滿足一定條件下稱為第三號被保險人，最大宗的身分為丈夫為白領上班族的家庭主婦。其年金保費由受聘僱的配偶方負擔，本身不需繳費。

社會福利制度的建構等觀點來看，這些制度都需要重新檢視。

擴大女性雇用

「日本再興策略」規定到了二〇二〇年，管理階層的女性應至少佔三〇%（二〇一三年為七．五%），而政府應率先雇用女性。

民間企業亦然。首先是上市企業的決策階層，至少要有一名女性。產業界可主動設定雇用女性的目標並公告執行情況（雇用績效），亦可導入「領導階層四分之一制」（領導階層至少要有四分之一是女性）。

目前已有許多企業積極促進女性活躍，但尚未普及。為了讓民眾看見女性於企業的活躍度，可以考慮要求企業在有價證券報告書上記載決策與管理階層的女性比例。政府應多加宣傳促進女性活躍的企業，並提供相關補助。

此外，可以考慮以「角色楷模」（role model，協助女性形塑職涯的員工）、「導師」（mentor，提供女性諮詢、協助的員工）等角色，有效協助女性規劃各人生階段，包括就職、結婚、生產、育兒，之後重返職場再離職、轉職。期待政府、企業、業界團體未來充實角色楷模、導師、教育訓練等制度。

最後，我想提出女性於農業扮演的角色。目前務農人口約有五成是女性，扮演著非常重要的角色。二〇一三年，農林水產省推動「農業女子專案」。專案開始五個月後，就有一百名女性農業工作者加入。像是舉辦各項發揮女性智慧與感性的活動、宣傳，並與企業合作開發商品。未來應積極支援女性農業工作者提升經營能力，由女性來負責改革農業與農村。此外，包括運用區域農產品製作加工品、於自產自銷中心販售等，與農業有關的女性創業逐年增加，因此提供協助使女性創業高度化、穩定化也十分重要。

另一方面，女性農業工作者亦面臨諸多問題。包括三十至四十九歲的女性如何兼顧農業、育兒與家事，而五十至五十九歲的女性如何兼顧農業與照護等，地方應積極介入。未來女性將在農業經營、農村改革扮演次世代領導者的角色，因此打造使女性活躍的環境有其必要性。

重新定義高齡者

至今我們針對如何解決少子化問題，聚焦於年輕族群。然而身處人口減少社會，使高齡者扮演全新的角色也能有效彌補少子化造成的缺口。

目前嬰兒潮世代最年輕的人也已六十五歲，而工作年齡人口（十五至六十四歲）持續減少。過去我們認為高齡者等於被照護者，但這並不符合現狀。目前六十五歲以上的人不僅不是被照護者，反而是照護者。

目前社會保險制度將六十五歲以上的人一律視為高齡者，也就是被照護者，此事必須重新檢討。儘管造成許多反彈，但醫療保險制度已將七十五歲以上的人定義為「後期高齡者」。「六十五歲以上＝高齡者」此一標準正在逐漸變化。目前年金自六十五歲開始給付，未來可以視社會保險制度是否重新定義高齡者而再調整。若要使有意願、有能力的高齡者能發揮所長，必須建立人人都可以工作一輩子的社會，提供適合高齡者、多元而有彈性的工作方式。除了支援高齡者退休後繼續工作，地方亦可針對需求創造使高齡者活躍的場域。包括讓退休人士移居鄉下務農等方案，都是可以考慮的方法。

目前法定退休年齡為六十五歲，到了二〇二五年，必須考慮是否需要延長。站在因應高齡者多元需求的觀點，也必須重新檢視提前給付／延後給付年金、在職高齡者年金等配套措施。

資金從重新檢視高齡者政策而來

同時，高齡者在支援育兒、支援年輕人方面也扮演著相當重要的角色。推動育兒政策的費用不妨以祖父母輩支援兒孫輩、高齡者支援年輕人的方針進行。不可否認的是，過去日本的納稅與社會保險制度偏重高齡者。目前與年輕世代相比，高齡世代擁有較多的金融資產。因此，我們必須重新檢視優待高齡者的方針，包括扣除國家提供的公共年金等。當然觀察高齡者也會發現貧富差距，因此我們應以資產等負擔能力來判斷，而非一味以年齡為標準。

從現存社會保險制度籌措費用，一定會遭遇相當大的阻力。然而育兒不是「家事」，而是「國事」。為了日本未來一百年的子孫著想，我們必須持續努力檢視現行制度。

此外，針對討論已久的「安寧照護」，應認真做出結論。過去習慣為無法經口腔攝取營養的高齡者安裝胃造口（ＰＥＧ），但法國已改變此種治療方式，目前在日本，學界也積極討論相同的議題。是不是需要繼續在安寧照護花費如此鉅額的稅金，此事值得深思。

接受海外高端人才

提到少子化、人口減少，勢必得討論是否要接受移民。一如前文所述，就改善人口減少問題而言，接受大規模的海外移民並不是實際可行的作法。畢竟只要日本的出生率沒有改善，人口減少的問題就不會消除，而我實在無法想像日本民眾會同意為了彌補出生率不足造成的缺口，而接受大規模的海外移民，使日本成為多民族國家。

但是，即使未來出生率提升，也無法避免工作年齡人口持續減少數十年的情況。為了提升國際化與生產力，日本應積極接受具備相當技術與知識的高端人才。日本於二〇一二年導入「高端人才點數制度」，但條件過於嚴苛而遲遲沒有發揮作用。必須重新檢討相關制度、擴大對象，才能有效吸引高端人才移入。同時由於日本嚴重缺乏照護與建設的勞動力，應擴充技能實習制度，增加相關領域的勞動力。

由於外國留學生有成為高端人才的潛力，日本再興策略曾提及日本應於二〇二〇年將優秀的外國留學生提升至三十萬人（二〇一二年為十四萬人）。

此外，日本不能只考慮自己的情況與觀點。畢竟海外高端人才之所以決定在日本就學、就業，一定是這些行動對自己的能力、資歷與經濟基礎有益。所以應考慮海外高端人才的情況與觀點，才能建立雙贏的關係。

（日本創成會議／人口減少問題檢討分科會）

第五章　未來日本的縮圖——北海道之區域戰略

「人口減少社會——日本」的縮圖

怎麼做才能抑止人口驟減、增大區域續存的可能性呢？同樣是人口驟減，造成的原因卻有千百種，不同區域，應採取的政策或對策應該也不同。

北海道可說是「人口減少社會——日本」的縮圖。本章將以北海道為具體範例，探討作為人口減少對策的「區域戰略」建構進程。

圖 5-1　北海道略圖

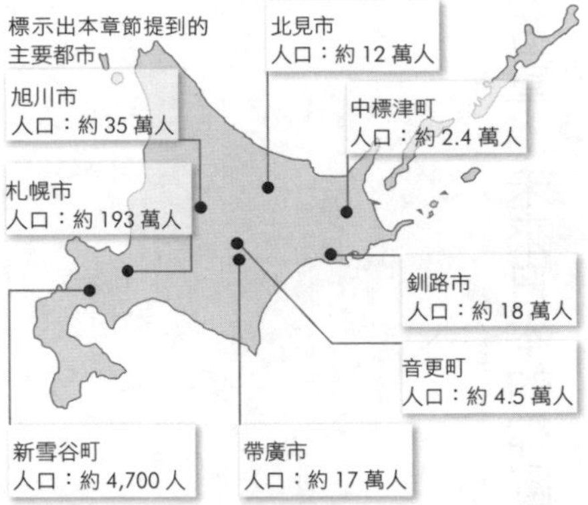

根據二〇一四年三月底「住民基本台帳」製作

根據國立社會保障．人口問題研究所（社人研）對於未來的推算，將二〇一〇年總人口設定為一〇〇，去檢視二〇四〇年的指標，全國的數值為八三．八，而相對地，北海道整體為七六．一、扣掉札幌大都市圈（依據總務省設定基準，含八市三町一村，以下稱為札幌圈）的話則剩下六七．七。這在全國都道府縣所有行政區中，和減少率最高的秋田縣（六四．四）幾乎是同等水平，可預測北海道未來人口驟減速度將會高於全國平均。

此外，相對於北海道總人口，札幌圈的人口比例，將從二〇一〇年的三四・八%提高到二〇四〇年的四〇・九%，上升高達六・一個百分點。相對於全國總人口，東京圈人口比例則是從二〇一〇年的二七・八%上升到二〇四〇年的三〇・一%，上升二・三個百分點，由此可預測，往札幌圈的人口集中程度將會超越東京圈。

北海道在二〇四〇年將演變為「極點社會」，就這一點而言，也可說是日本的縮圖，未來日本社會的範例。

對人口進行整體性分析

那麼，該如何審視作為人口減少對策的「區域戰略」呢？北海道綜合研究調查會訂定了下列三階段進程。

第一，對區域人口進行整體性分析。第二，對區域人口進行多層次分析。

經過上述人口分析後，第三，擬訂出區域戰略。區域戰略的觀念，是參考第三章和第四提出的構想。區域戰略的第一個基本目標，是規劃「區域人口願景」，第二個基本目標則是策畫「新區域聚集結構」的構想。

首先，第一階段是進行人口的整體性分析。所謂整體性分析，指的是依時間序列掌握過去人口動態變化、現狀和未來狀況。

目前北海道總人口約五四四萬人（資料來自二〇一四年三月「住民基本台帳」[10]），歷經幾次人口變動期（圖5—2）。

戰後，人口遽增，但在一九七〇年代高度經濟成長期和八〇年代後半～九〇年代前半，亦即所謂泡沫經濟期，人口轉為減少。原因在於，各時期都有大量人口遷出到其他區域（特別是東京圈）。

雖然中間有這些變動期，之後人口大致上還是呈現成長。自一九九〇年代後半，進入總人口維持一定水準的「高原狀態」時期，在一九九八年達到巔峰，約為五六九萬人。

區域的人口增減，取決於人口移動帶來的「社會增減」，和出生、死亡帶來的「自然增減」兩個要素。一般而言，社會增減隨時期反覆變動的可能性很大，也就是所謂的短期性變動要素；相較之下，自然增減則可說具備在一定程度期間朝向一定方向變化的長期變動要素特性。要了解區域人口變動，首先必須分析這兩個要素對人口增減造成影

10 市町村長等地方行政長官使用所轄區域的居民的戶口資料，以戶為單位編纂而成的清冊。

響的程度。

我們來回顧一下過去在北海道社會增減和自然增減帶給總人口什麼樣的影響。圖5—2中遷入人數減去遷出人數代表社會增減，遷入人數勉強超過遷出人數的，只有一九九六年，一九六〇年以後，都是遷出多於遷入人數，也就是持續呈現社會減少狀態。遷出人數超過特別多的，過去發生過三次，分別是以一九七

圖5-2　北海道的總人口以及遷入・遷出數、出生・死亡數的變遷

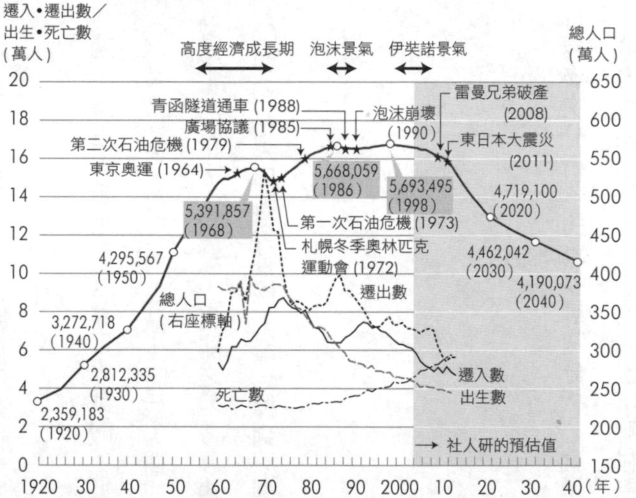

（備註）
1. 根據國勢調查、住民基本台帳、「北海道保健統計年報」（北海道保健福祉部）資料製作。
2. 一九五〇年以前的總人口以國勢調查為依據，一九五五年起則是參考住民基本台帳。
3. 總人口數為每年三月三一日的計算值。人口動態為每年一月一日～十二月三一日的計算值。
4. 出生•死亡數係根據「北海道保健統計年報」（北海道保健福祉部）資料製作。

〇、一九八七和二〇〇八為巔峰的前後幾年。而在出生人數和死亡人數方面，出生人數減少，死亡人數持續增加，以二〇〇三年為分水嶺，出生人數低於死亡人數，轉為自然減少狀態。

在過去三次有大量人數遷出的時期，出生人數是高於死亡人數的，但遷出人數更甚，導致總人口數呈現減少。而二〇〇三年以後，步入自然減少時代，造成之前隱藏在自然增加背後、遷出人口造成的社會減少表面化，人口減少也隨之變得急遽且持續。因此，才會如先前所述，預測二〇四〇年人口將會直線下滑，掉到只剩目前四分之三的規模。

對區域人口進行「多層次」分析

第二進程，是對北海道人口進行多層次分析。所謂多層次分析，就是將分析對象從基礎自治體（市町村）單位，到以地方據點都市為中心的周邊市町村構成的「區域圈」，再擴大到影響該區域甚巨的「大都市圈」（除了三大都市圈外，札幌市、仙台市和福岡市等也包括在內）的作法。

市區町村的分析

表5—1是從二〇四〇年北海道全市區町村人口結構的試算結果中，挑出一部分刊登（在原本的試算中，札幌市是分區推估，總共有一八八市區町村）。從這個表來看個別市町村的狀況，可以得知，不同區域間的人口狀態大相逕庭。

首先請先看「人口減少階段」（B行，定義參考第一章），相較於札幌圈及地方據點都市還在第一階段，許多中小規模的市町村已經進入第二階段或是第三階段，已面臨往後包含高齡者在內，人口將會急遽減少的嚴重狀況。

而觀察人口移動持續不停的案例（C行）中「二十～三九歲女性增減率」項目，可以預想到大半市町村裡位於人口再生產力核心的年輕女性將大幅減少。假設將年輕女性減少五十％以上的區域視為可能面臨消滅的都市，那麼試算結果顯示，北海道約有七八％市町村符合。

表 5-1　北海道主要市町村的人口結構預估

(A) 總人口以二〇一〇年國勢調查為依據。
(B) 以年齡構造別來分析二〇一〇年至二〇四〇年的人口減少進程。參考第一章的圖 1-2 與圖 1-3。
(C) 以國立社會保障•人口問題研究所的預估為基礎，並假設「人口仍舊持續移動」所預估的結果。與第一章的圖 1-9 的預估方法相同。
(D) 以上述的將來預估結果為前提，將提高出生率的「自然增減效果」對未來人口的影響程度分成 5 個階段。「5」表示效果最大，「1」表示效果最小。
(E) 將人口移動的「社會增減效果」對未來人口的影響程度分成 5 個階段。「5」表示效果最大，「1」表示效果最小。

▲為減少

市町村名	(A) 總人口（2010 年）	(B) 人口減少階段別	(C) 人口移動持續下，未來人口的增減率（2040 年對照 2010 年的增減率 %）【α 狀況】		(D) 自然增減的影響度	(E) 社會增減的影響度
			總人口	20～39 歲女性		
札幌市	1,913,546	第 1 階段	▲7.6	▲38.5	4	1
旭川市	347,099	第 1 階段	▲30.4	▲53.0	3	2
函館市	279,127	第 2 階段	▲42.2	▲60.6	4	3
釧路市	181,167	第 1 階段	▲41.4	▲59.5	3	3
苫小牧市	173,315	第 1 階段	▲18.8	▲41.0	3	2
帶廣市	168,056	第 1 階段	▲25.2	▲49.8	3	2
小樽市	131,927	第 3 階段	▲49.4	▲66.0	4	3
北見市	125,687	第 1 階段	▲31.6	▲56.2	3	2
岩見澤市	90,145	第 1 階段	▲36.6	▲54.8	4	2
音更町	45,083	第 1 階段	0.7	▲17.3	2	1
稚內市	39,595	第 1 階段	▲40.3	▲52.9	3	3
根室市	29,198	第 2 階段	▲46.2	▲58.2	3	4
新日高町	25,419	第 2 階段	▲44.6	▲58.6	3	4
留萌市	24,457	第 2 階段	▲53.2	▲69.2	3	5
中標津町	23,976	第 1 階段	▲14.7	▲36.3	2	2
瀨棚町	9,590	第 3 階段	▲59.1	▲75.8	3	5
今金町	6,186	第 3 階段	▲37.3	▲42.9	3	2
標津町	5,646	第 1 階段	▲46.2	▲65.8	3	4
樣似町	5,114	第 3 階段	▲54.8	▲76.2	3	5
新雪谷町	4,823	第 1 階段	▲9.8	▲38.4	3	1
鹿部町	4,767	第 1 階段	▲23.8	▲46.2	3	1
新篠津村	3,515	第 3 階段	▲41.8	▲61.6	3	3
壯瞥町	3,232	第 3 階段	▲54.0	▲76.2	3	4
陸別町	2,650	第 3 階段	▲58.6	▲72.8	2	5
鶴居村	2,627	第 1 階段	▲25.2	▲46.0	2	2
北龍町	2,193	第 3 階段	▲50.3	▲62.0	3	3
中頓別町	1,974	第 3 階段	▲61.3	▲74.2	2	5
初山別村	1,369	第 3 階段	▲56.1	▲65.3	2	4
西興部村	1,135	第 3 階段	▲36.1	▲55.9	3	2
神惠內村	1,122	第 3 階段	▲53.2	▲69.2	2	3
音威子府村	995	第 3 階段	▲66.8	▲72.3	5	5

※ 從本文刊載之市町村及各綜合振興局、振興局中，選出二〇一〇年人口最多市町村和人口最少市町村刊載。

這種情形發生的理由在於社會增減的核心在於青年族群。從地方往大都市圈的人口流出，會讓未來生育小孩的青年族群這個「人口再生產力」本身大幅流出，對區域出生人數造成極大影響。

造成這種人口減少的結構性重要原因，可以從「（D）自然增減的影響度」和「（E）社會增減的影響度」中的試算結果推測出來。自然增減的影響度（D），是在假設截至二〇三〇年總計特殊出生率回復到人口替代水準二・一的情況下，相較於社人研基準推算（粗略來說，就是假設移動率未來將縮小），去計算出推估人口增加的程度，將其依成長率分為「1」到「5」的階段。單純是「1」代表影響度小（亦即推算即使合計特殊出生率回復到二・一，對人口增加的影響依舊相對是小的），而「5」則表示其影響度相對是大的。也就是，（D）越大，代表提高生育率的少子化對策越有效。

社會增減的影響度（E）則是把截至二〇三〇年生育率回復到二・一，且人口移動的遷出和遷入達到平衡的推算狀況，跟截至二〇三〇年出生率回復到二・一的推算狀況做比較，再分為「1」到「5」的階段。如此一來，可以摒除「出生率回復到二・一帶來的影響」，得到著眼在人口移動上的指標。「1」代表影響最小，「5」代表影響最大。也就是，（E）越大，阻止自然流出的「區域結構對策」越有效。

在人口十萬人以下的市町村，社會增減的影響度大（4或5）的有八十六個（約五一%），相較之下，自然增減影響度大的僅十七個（一〇%），我們可以得知，在許多小規模市町村，人口流出是影響人口數很大的主因。

以往日本的人口減少對策都將重點放在少子化對策上，社會增減向來被視為只要經濟雇用情勢改變，就能獲得紓緩。不過，現在必須將社會增減也納入視野，不僅只是少子化對策，能夠阻止年輕人離開地方的「區域結構對策」也越來越不可或缺了。

區域圈的分析——水庫機能的實況

接下來，我們來看地方據點都市的狀況。地方據點都市所在的人口減少階段大致在第一階段，出生率全面偏低，在自然增減方面，沒有太大的不同。不過，在社會增減方面，則是每個地方據點都市及其周邊區域構成的「區域圈」，狀況都不一樣。

比方說，大量人口流出（社會增減影響度高）的地方據點都市有釧路市及函館市等；相反的，流出入差距小（社會增減影響度低）的地方據點都市有帶廣市。

這些差異，在於區域圈過去是否發揮阻止人口流出（或喚回人口）的「水庫機能」。

在北海道綜合研究調查會中，為了更正確掌握區域圈的水庫機能，我們針對能入手詳細住民基本台帳數據的旭川市、釧路市、帶廣市、北見市及札幌市五座都市，進行了二〇一三年整年人口移動的性別、年代別、區域別分析。圖5—3（第一一三頁）和圖5—4（第一二〇頁），是把各都市從其他區域人口流入數及流向其他區域人口流出數之差距，依男女分別堆疊出的圖。黑色圓點為總計，在0上方表示該都市「流入超過」，而在0下方則表示該都市「流

圖5-3　旭川市、釧路市、帶廣市、北見市的（遷入數 遷出數）2013年

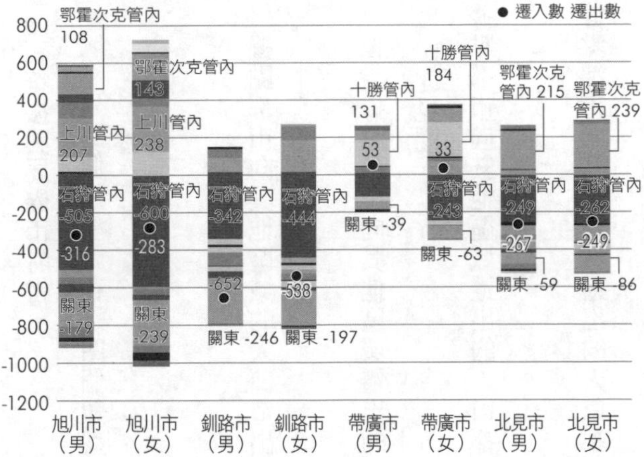

出超過」。另外，圖中鄂霍次克管內指的是包括北見圈的鄂霍次克綜合振興局內市町村，上川管內為包括旭川圈的上川綜合振興局市町村，十勝管內為包括帶廣圈的十勝綜合振興局市町村，而石狩管內則是包括札幌大都市圈的石狩振興局內市町村。

將上述區域圈的水庫機能由低至高排序，可以分成下列四個類型。在這四個類型中，稱得上典型區域圈的是第一～三類。

第一類：周邊區域向據點都市的人口遷入少，但據點都市向其他區域的人口遷出多，據點都市「遷出遠大於遷入」的區域（釧路圈）。

第二類：雖有人口從周邊區域向據點都市遷入，但從據點都市向其他區域遷出的人口更多，據點都市「遷出大於遷入」的區域（旭川圈、北見圈）。

第三類：周邊區域向據點都市遷入的人口、及據點都市向其他區域遷出的人口都少，據點都市「遷入大於遷出」的區域（帶廣圈）。

第四類：周邊區域向據點都市遷入的人口、及據點都市向其他區域遷出的人口都多，據點都市「遷入遠大於遷出」的區域（札幌圈）。

釧路圈——主力產業的衰退是直接造成人口減少的原因

在第一類「釧路圈」，可以看出區域整體正逐漸失去人口的水庫機能。這一類的特徵，是人口往札幌圈和關東圈遷出規模幾乎相等，在釧路圈，釧路市和周邊町村，人口都直接遷往札幌圈或關東圈（主要是東京圈）。

造成這種狀況的背景，是釧路市產業結構的激烈變化。過去，釧路的港口聚集了來自全國北洋漁船的船團，十分繁榮，以漁業業者為對象的買賣也非常興盛，但受限於二百浬專屬經濟海域等法規，漁獲量從一九九〇年代前半開始驟減。之後，還經歷了紙漿工廠縮小、太平洋碳礦關閉礦山等主力產業結構的劇烈變化。這些主力產業的衰退，波及地方銀行撤退及百貨公司關閉，也影響到市民的生活。釧路市可說是主力產業衰退直接造成人口減少的地方都市之一。

旭川圈——年輕人的遷出與高齡者的遷入

第二類據點都市，光看與周邊町村的關係，具備了一定程度接受人口遷入的水庫機能，不過，往其他區域的人口遷出也多，可說扮演著集散人口的「溢洪道」機能。從二〇一三年的年代別人口移動可以看出，遷出人數男性是十五～十九歲，女性是二〇～二四歲最多。男性在高中畢業就業、大學入學時離開旭川；女性則在短大、專門學校、大學畢業時離開，之後就沒有再回到本地。

旭川市是北海道第二大都市，也是北海道北部的行政中心。周邊町村是以稻作為中心的農業地帶，同時亦以家具製造聞名，批發與零售、醫療與照護設施密集，除了在地傳統產業之外，還有各種分店、分公司提供了當地的雇用機會。

不過，近年，本地企業的衰退和分店、分公司的撤退，造成青年族群不斷往札幌圈或關東圈遷出。同時，鄰近町村高齡者的遷入則出現增長。二〇一三年一年當中，從周邊町村遷入的六五歲以上人口約達一千三百人。在青年族群持續遷出的情況下，人口結構失衡有愈加惡化之憂。

這種年輕人遷出到其他區域，同時高齡者遷入據點都市的情況，放眼全國，是以縣政府所在市為首的所有地方主要都市之共通現象。這一點，可說旭川市是面臨人口問題的地方都市的典型例子。

北見圈——人口遷出的加速與周邊人口的枯竭

北見市以製材業為中心發展，一直以來，扮演著納入周邊町村不從事農業的居民的角色。另外，以學園都市為目標，擁有北見工業大學、日本紅十字北海道看護大學，有許多教職員及學生居住於此。但在二〇一三年的人口移動中，二十～二四歲的遷出非常多，可以看出即使學生上的是本地大學或專門學校，畢業後仍然會遷出。大學雖然具備為當地招攬年輕人的機能，問題是畢業後留下的比例不夠高。如果沒有雇用機會，增加的只有遷出遷入的人數，卻無法提供蓄積人口的水庫機能（當然，大學身為高等教育機構、研究機構，對地方還是有貢獻機能的）。

近年接連面臨牛乳工廠關閉、配合北見營林局[11]的重新編制，分局縮小整理、還有百貨公司關閉等局面，加上二〇〇七年，位於該市的北海學園北見大學停招廢校，當地

11 日本農林水產省林野廳轄下的地方機關，負責國有林的管理與經營等工作。一九九九年改組為森林管理局。

的繁榮逐漸消失。

高速道路開通，使得往札幌、旭川的交通更加便捷，人口遷出應該也與這個因素有所關聯。另外，周邊町村的人口大幅減少，可預見今後將無法供給人口到北見市，未來有相當大的機率，北見圈會演變成人口單向遷出的第一類。

帶廣圈——以農業為基礎的安定結構

第三類帶廣圈，區域整體人口移動很少，可說帶廣市和包括周邊町村的帶廣圈全區發揮了水庫機能。帶廣市以旱作農業及酪農興盛的十勝地方為中心，發展良好，食品製造業、農業機械製造業等農業相關製造業的腹地遼闊，提供了雇用機會。女性務農者也相當活躍，以加工生產為主的創業十分興盛。平均每戶農業生產毛額也高，支撐著帶廣的商業。

不過，帶廣圈也有自己的課題。農家高齡化顯著，農家人口持續減少中。新課題則是，雙親的照護及定期上醫院的陪診已成為女性務農者很大的負擔。

農家基本上多為家族經營，女性在工作崗位上扮演了很重要的角色。帶廣市相較於其他都市人口遷出的確較少，但女性遷出到札幌的比例很高。可說女性的動向是決定帶廣圈未來的關鍵。

札幌大都市圈的分析

最後來看看札幌圈。相對於東京圈，札幌圈雖然屬於地方圈，但在北海道當中，則是其他區域人口遷入的大都市圈。從圖5—4可以看出，整個北海道地區都有人口遷入札幌圈，同時也有許多人口遷出，遷出的目的地以關東圈為中心。遷出入相減，可以得知整體上是遷入大於遷出，算是發揮了一定的水庫機能。

不過，有必要留心的一點是，男女的人口遷出遷入情況差異很大。女性方面，從北海道內各地遷入的二十～二四歲人口很多，而遷出則不多。男性方面，則是遷入遷出都多，特別是二十～二四歲中往北海道以外地區遷出的人口遠大於遷入。就這一點而言，札幌市可說在女性方面發揮了水庫機能，而男性方面則扮演了溢洪道的角色。

男女在遷出入上的差異，是札幌市內女性比例高的原因之一。相較於全國及政令指定都市[12]的女性比例，札幌市的五三・一%也是最高的，特別是青年族群的失衡十分顯著。圖5—5為札幌市男女性別比（男性人數／女性人數）與生育率的變化。二五～二九歲的性別比例，過去為一・〇以上，但年年持續下滑，到最近低至〇・九上下。

圖5-4　札幌市的（遷入數 遷出數）2013年

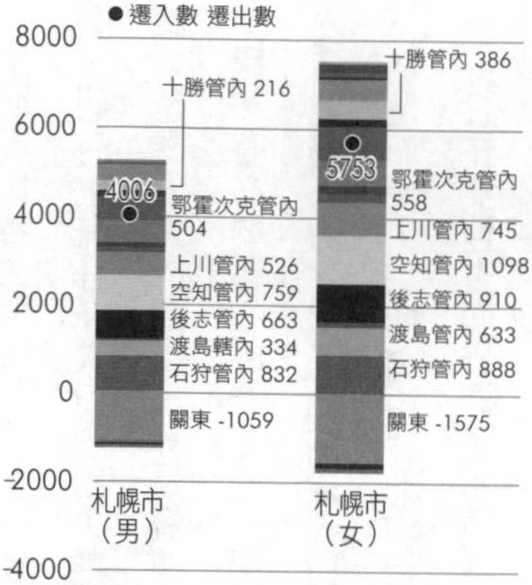

在年輕女性不斷遷入的情況下，青年族群產生了女性比男性多一成左右的現象。

二〇一一年札幌市生育率是一・〇九，在都道府縣及政令指定都市中，僅次於東京都（一・〇六），是第二低的。分區看的話，中央區為〇・九〇，低於一。原因有結婚、生產環境嚴苛等，不過年輕女性相對較多的狀況，應該也是札幌市生育率低落的一個重要原因。

總歸而言，可說北海道內年輕女性不斷遷入低出生率的札幌市，更加速了北海道整體的人口減少。

12　依據《地方自治法》而獲得行政命令指定，可以擁有更多地方自治權力的都市。人口均超過五十萬人。目前全日本有超過二十個政令指定都市，其中包括大阪府大阪市、愛知縣名古屋市、神奈川縣橫濱市等知名都市。

圖5-5　札幌市的性比例與合計特殊出生率的變遷

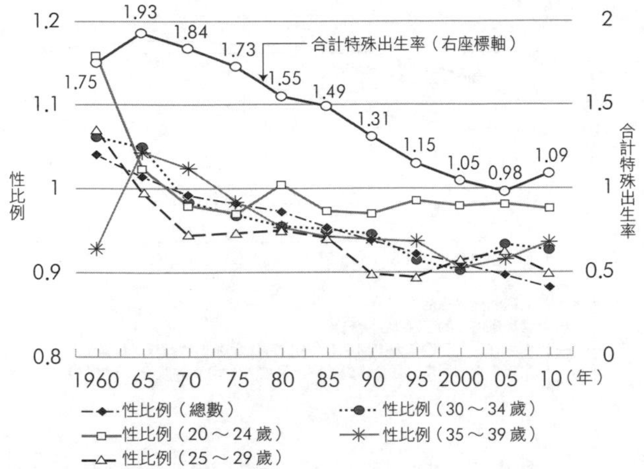

※性比例＝男性總數 ÷ 女性總數

圖5—6是到二〇四〇年為止我們自行推算的札幌市人口數，總共有四個狀況，除了表5—1（第一一〇頁）之外，再加上「社人研未來推算」、「二〇三〇年前出生率恢復到二・一」和「二〇三〇年前出生率恢復到二・一、且人口移動遷出及遷入均衡」的三種狀況。

根據社人研的推算，二〇一〇年約一九一萬人的札幌市總人口，到了二〇四〇年將減少到約一七一萬人。針對這個推算，假設在二〇三〇年出生率恢復到二・一的「b狀況」下，到了二〇四〇年，可以算出人口反而會增加到一九五萬人。雖然這個情況

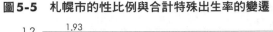

圖5-6　札幌市的人口推算

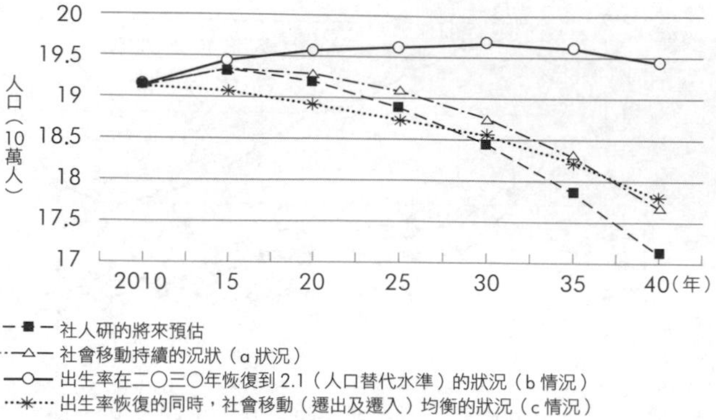

成立的前提是道內各地不斷有人口遷入札幌市，也就是屬於「札幌獨勝」的推估，不過，可以從這裡看出提高生育率對札幌市未來人口的影響有多大。

札幌市面臨的課題不是只有少子化。在二〇四〇年之前，札幌市將急速高齡化。根據社人研估計，從二〇一〇年到二〇四〇年，六十五歲以上的高齡人口將會急增為一・七四倍。特別是醫療及照護需求高的七十五歲以上人口，預期將以超過東京、大阪的速度增加，成為原本的二・二三倍。主要原因是札幌市居民的高齡化及北海道內各地高齡者持續遷入。

札幌市在一九七二年，因舉辦冬季奧運，進行了許多基礎建設整備，人口持續增加。從一九七〇年代後半到八〇年代，在北廣島市、江別市、石狩市出現了三個大型住宅區，戶長在三十～四十歲之間的家庭大量移居過來，擴大了都市圈。

接下來四十多年，隨著住宅區急速高齡化，移居到札幌中心地區的人開始增多。圖5—7是札幌和周邊市町村的人口遷入遷出狀況。二〇〇〇年到〇五年，有三十～四十歲族群搬遷到前述三市的現象，札幌的遷出大於遷入，不過到了二〇一三年之前，這三個市往札幌市的遷入轉變為大於遷出。遷入人口多為二十～二九歲，但值得注意的是六十歲以上也開始出現遷入札幌大於遷出。可以看出，當初為了住進寬敞獨棟住宅而遷出的家庭，到了他們孩子那一輩，又重新遷入札幌，同時，進入高齡的年齡層，則是因為無法打理寬廣住宅及除雪工作，回歸到中心地區。

為了正確掌握區域圈的人口結構與人口動態的機能，必須掌握不同年齡層的人口遷出／遷入結構，理解符合對象區域居民人生規劃的人口移動（因生育、就學、就業、結婚、照護等要素之移動）實際狀況。在這一點上，有必要留意，地方據點都市的機能，光憑「總人口」或「晝夜間人口比例」這些單一時間點的指標，是無法充分評價的。

圖5-7　札幌大都市圈的（遷入數-遷出數）2000~2013年

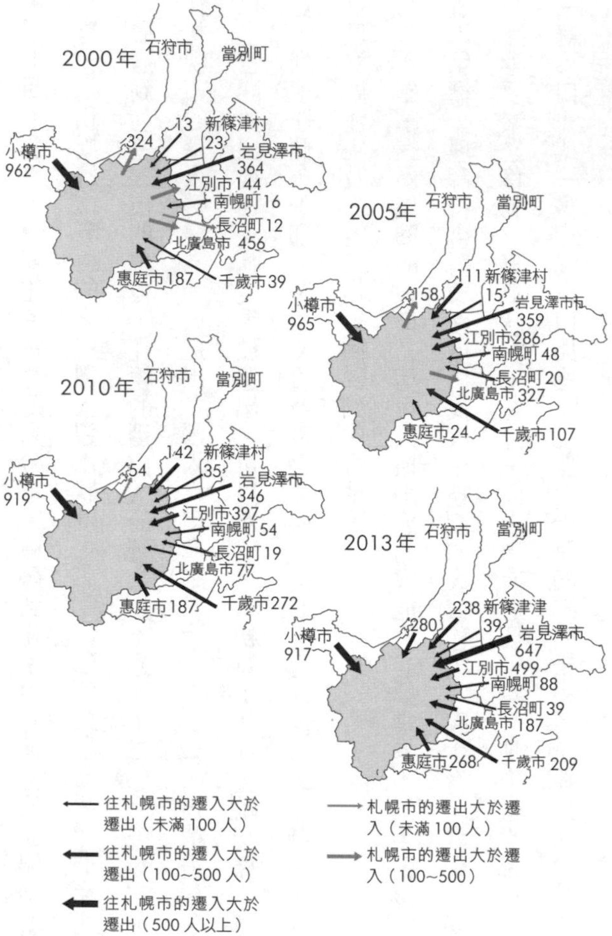
2000年
石狩市
當別町
13
新篠津村
324
23
岩見澤市
364
小樽市
962
江別市144
南幌町16
長沼町12
北廣島市 456
惠庭市187
千歲市39
2005年
石狩市
當別町
111新篠津村
158
15
岩見澤市
359
小樽市
965
江別市286
南幌町48
長沼町20
北廣島市 327
惠庭市24
千歲市107
2010年
石狩市
當別町
142
新篠津村
54
35
岩見澤市
346
小樽市
919
江別市397
南幌町54
長沼町19
北廣島市77
惠庭市187
千歲市272
2013年
石狩市
當別町
238新篠津津
280
39
岩見澤市
647
小樽市
917
江別市499
南幌町88
長沼町39
北廣島市 187
惠庭市268
千歲市 209
往札幌市的遷入大於遷出（未滿100人）
札幌市的遷出大於遷入（未滿100人）
往札幌市的遷入大於遷出（100~500人）
札幌市的遷出大於遷入（100~500）
往札幌市的遷入大於遷出（500人以上）

人口減少對策的第一個基本目標：訂定區域人口願景

根據區域人口結構分析結果，接下來將探討展望未來人口結構的人口減少對策。

第一個基本目標是訂定「區域人口願景」（圖5—8）。將此願景目標年度定在十年後的二〇二五年，五年後再重新審視，下一個願景目標則定在二〇三〇年。我們需要記住，出生率恢復的效果要反映在人口規模上，需要二十至三十年的時間。

（1）出生率目標的設定

首先，設定出區域的生育率目標。這個數據需要參考北海道民眾意識調查等中「目

圖5-8　人口願景統整

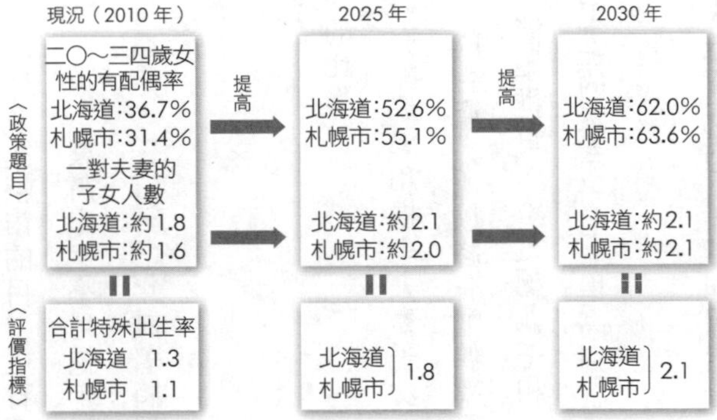

（備註）一對夫妻的子女人數是由，北海道、札幌市各年度的合計特殊出生率，除以該年度四五～四九歲女性的有配偶率所計算出的數值。

標子女人數」等數據，掌握目標生育率（已婚者及未婚但希望結婚的人的目標子女人數實現時的出生率），加以採用。

參考在第四章介紹過的目標生育率觀念，算出北海道整體及札幌市的目標生育率，兩者都幾乎與第四章得到的全國數值相同，大約是一・八。接下來將出生率目標定為二〇二五年達到一・八（目標生育率），進一步求人口維持穩定，二〇三〇年試著將目標定為二・一（人口替代水準）。

（2）實現目標的途徑（關鍵在提升年輕人擁有配偶的比率）

提高出生率的重點在於提高二十～三四歲女性的擁有配偶率和提高夫妻子女人數（三十四歲前是有配偶狀態，就能夠反映在三十五歲以上的生產，所以將有配偶率目標設定在三十四歲之前）。為了達到前述的生育率目標，簡單推算一下有配偶率和子女數，結果是北海道整體二十～三四歲女性的有配偶率從現在的三六・七％提高到五二・六％，就能達成二〇二五年出生率一・八的目標。

這些數字，畢竟只是摒除了讓人即使想結婚生育也未能實現的重要不利因素，並實現北海道民眾理想結婚生育環境的對策後所能得出的結果。我們預測，整個北海道年輕人的有配偶率約提高十六個百分比，札幌市約提高二十三個百分比，就等於實現率一·八的出生率。從這些數據，我們可以清楚看到提高二十～三四歲女性的有配偶率的效果會有多大。

此外，為實現出生率二·一，增加婚後「夫妻生育數」也很重要，對育兒及多子家庭的支援也連帶地變得很重要。而結婚年齡越低，夫妻生育數隨之增加的傾向也很明顯，因此，提高二十～三四歲女性的有配偶率，也會對夫妻生育數的增加有正面影響。

（3）相關領域的措施

我們有必要在探討結婚、生育、住居、教育、產業／雇用、社區總體營造等相關領域對策之際，將這些分析結果考量進去。其中，正如前述，北海道特別需要總動員實施對提高年輕人擁有配偶率有所幫助的對策。

在移居北海道的人當中，許多人表示移居的關鍵在於養育兒女的環境和生活環境良好。因為相較於首都圈，自然環境豐富、適合居住而獲得好評。

不過，即使考慮移居，最後有許多人卻沒有付諸實行，這也是個事實，而可舉出的原因，是地方上沒有適合年輕人工作的場所。年輕人的雇用問題，同時也是配偶擁有率低下的重大原因。由此可見在北海道提供年輕人（札幌市則特別是對年輕男性）雇用機會的重要性。

人口減少對策的第二個基本目標：建構「新區域聚集結構」

第二個基本目標，是建構「新區域聚集結構」。為規劃其具體構想，必須以前述各區域人口結構的分析結果為基礎，從各種角度探討能有效阻止人口流出的策略。在本章中，承接第三章及第四章的主旨，提出幾個在進行探討時必須重視的主要重點。

第一，所謂的新區域聚集結構，雖然一般是期待能夠藉由以地方據點都市為核心的小型據點和網絡形成，但對年輕人而言是否有吸引力也是一個重要的視角。

第二是考量到人口減少的「選擇與集中」。今後地方的人口減少是無可避免的，因此，集中投資與措施相當重要。

第三是地方自治體的區域合作。可行的具體做法，是透過把地方自治體之間的合作協商重新法制化，去區分區域基礎自治體間的不同角色及建構網絡。至於有困難的區域，則預想由廣域自治體擔任補足性的角色。

此外，不單是阻止人口流失，積極推行將人帶入地方的企劃，並且追蹤、輔助這些措施的進度及成果也是非常重要的。

在新雪谷町、中標津町、音更町看見的「區域力量」

北海道也有一些人口減少率低、存續可能性高的區域，像是新雪谷町、中標津町、音更町等。

新雪谷町在一九五五年達到戰後人口尖峰，到了八〇年代，人口大約減半時停止下滑，近年則轉為微增。增加的人口年齡層廣泛，從三十～六九歲，育兒世代和退休世代都有，是來自其他區域的移居者。新雪谷町是滑雪度假勝地，外國遊客增多，特徵是住宿日數長（外國遊客平均十四日以上），外國人登記為居民的人數也持續增加。移居者增加的原因之一，應是這些狀況帶來新的商機，製造了創業和雇用機會。

中標津町則是大規模酪農地帶的中心地點，發展蓬勃，大規模商業設施入駐，周邊地區人口不斷遷入。高齡化率低，僅二〇%，生育年齡人口也持續增加。同時由於製造業得以維持，確保了雇用機會，導致遷出至其他地區的人口也少。

音更町是鄰接帶廣市的衛星城市[13]，近年，三十～四九歲的居民，及他們的下一代（〇～十九歲）人口持續增加。如果單純是衛星都市，一般未來會面臨下一代因就學或就職離開家鄉的時期，不過這裡的特徵是，町內有農業及食品製造業在此扎根，有雇用機會，可以預期不斷會有其他區域人口遷入。在進行各區域的結構改革時，參考這些擁有區域力量的具體案例是很重要的。

如何維持總人口

現在讓我們想像一下，如果前述關於生育率的目標實現，達到二〇二五年北海道出生率為一．八，二〇三〇年出生率為二．一，加上人口移動均衡的情況。

為了讓人口移動得以均衡，可預見需採取的措施有：當地企業採用一度因升學或就職遷出，但想返鄉的年輕人、促進中高年往地方移居、促進高齡者遷居、創業輔導、促

13 位在大都市周邊，與大都市緊密連繫但又獨立存在的中小型城市。

進總公司機能移轉、促進重新往地方派遣建構區域經濟等所需人材等。如此推算出各市町村總人口再加總的結果，合計北海道總人口在二〇四〇年約為四七三萬人。比社人研推算的四一九萬人多了五十四萬人，可以只比二〇一〇年減少七十八萬人，繼續下滑的幅度就此止步。

雖然這些數據不過是實行各種措施後可能達成的數字，實行上或許會遇到困難，不過只要政策總動員，絕不是不可能實現的目標。

期待全國各區域也能探討像這樣以北海道為範例的區域戰略，因為人口減少對策越早著手，效果就會越好。

（五十嵐智嘉子／北海道綜合研究調查會理事長）

第六章　區域存續的六個模式

年輕女性人口增加率前二十名

正如一路說明過來的，在日本，全國年輕女性人口持續減少是造成人口減少的原因，而且影響力會延續到未來。在這樣的環境下，還是有些市町村，與整體潮流逆行，年輕女性增加，或者減少得很緩慢。本章試著著眼於從二〇一〇年起，推算將來四十年間年輕女性人口增加率排行會名列前茅的市區町村，主要從產業、所得、財政面向分類，探究有效的人口減少對策。

表6—1是年輕女性人口增加率前二十名的市區町村。依表可分為下列六種模式。

招攬產業型	可通勤至金澤市、小松市。日本顯示器公司(JDI)設廠於此，財政穩定
產業開發型	成功自行將農業產業化。每一人納稅額大幅超過縣內排行第二的秋田市
衛星都市型	往橫濱市中心的交通方便。住宅區開發盛行
衛星都市型	與福岡市相鄰
衛星都市型	與仙台市相鄰
衛星都市型	與富山市相鄰
招攬產業型	與米子市相鄰。王子製紙、AEON購物中心據點設於此，財政穩定
衛星都市型	與福岡市相鄰
公共財主導型	此處有關西國際機場，財政穩定
公共財主導型	以關西文化學術研究都市聞名
衛星都市型	與前橋市、澀川市相鄰。往高橋市的交通方便
學園都市型	多所大學設立於此，並與名古屋市、豐田市相鄰
衛星都市型	住宅區大規模開發盛行
招攬產業型	中部工業園區等、汽車相關產業盛行
衛星都市型	作為東京的衛星都市，住宅區開發盛行
招攬產業型	眾多汽車相關企業設立於此
衛星都市型	新交通系統建立，住宅數量增加
衛星都市型	大阪近郊的高級住宅區
招攬產業型	眾多汽車相關企業設立於此。陶瓷產業盛行。老人照護福利機構發展中。
招攬產業型	九州最大的交通要塞。公家機關推行物流據點政策，大量吸引企業設點

表6-1　2040年輕女性變化率排行與其原因

No								
1	石川縣	川北町	6,147	864	7,906	1,001	15.8%	10.9%
2	秋田縣	大潟村	3,218	311	2,868	358	15.2%	8.0%
3	神奈川縣	橫濱市都筑區	201,271	27,357	270,271	31,020	13.4%	1.1%
4	福岡縣	粕屋町	41,997	6,977	57,173	7,766	11.3%	-0.3%
5	宮城縣	富谷町	47,042	6,441	61,273	6,978	8.3%	6.0%
6	富山縣	舟橋村	2,967	378	3,361	406	7.5%	7.9%
7	鳥取縣	日吉津村	3,339	422	3,657	450	6.8%	-2.4%
8	福岡縣	志免町	43,564	6,378	51,398	6,684	4.8%	-4.5%
9	大阪府	田尻町	8,085	1,108	8,531	1,150	3.8%	-4.7%
10	京都府	木津川市	69,761	9,539	84,958	9,896	3.7%	-3.2%
11	群馬縣	吉岡町	19,801	2,598	24,199	2,648	1.9%	-4.0%
12	愛知縣	日進市	84,237	11,842	103,147	12,056	1.8%	-7.8%
13	埼玉縣	吉川市	65,298	8,815	76,443	8,961	1.7%	-7.7%
14	愛知縣	幸田町	37,930	5,466	43,520	5,538	1.3%	-8.9%
15	埼玉縣	滑川町	17,323	2,371	21,445	2,391	0.8%	-7.9%
16	愛知縣	三好市	60,098	7,941	67,808	7,907	-0.4%	-6.6%
17	廣島縣	廣島市安左南區	233,733	34,226	275,118	33,622	-1.8%	-9.1%
18	奈良縣	香芝市	75,227	10,175	83,551	9,992	-1.8%	-7.1%
19	愛知縣	高濱市	44,027	5,807	50,353	5,669	-2.4%	-8.6%
20	佐賀縣	鳥栖市	69,074	9,406	77,944	9,180	-2.4%	-8.7%

招攬產業型

有一種模式，是藉由招攬（或是原本就擁有）工廠或大規模商業設施，追求財政基礎的安定化，居住環境得到整備，造成人口遷入，我們將這種模式稱為招攬產業型。這雖然是從以往就存在的模式，但隱藏了深受企業業績和經營所左右的風險。在全球化競爭愈趨激烈的情況下，藉由企業、自治體、居民密切溝通，施行一體化的措施變得相當重要。

在石川縣川北町，推算出未來年輕女性人口變化率為增加十五．八％，在本次統計對象一七九九個市區町村（福島縣除外）中，是增加率最高的自治體。順帶一提，增加率達到二位數的自治體只有四個，分別是因大規模農業而人口安定的秋田縣大潟村、即使在首都圈中也算是開發非常完備的橫濱市都筑區、鄰接福岡市，因其便利性自古就受歡迎的衛星都市福岡縣粕屋町、還有川北町。

截至二〇一四年七月為止，人口共六二八二人的這個城鎮，以熱心致力於育兒環境的整備而聞名。根據樋田敦子氏的報導〈優渥的育兒補助，引來了年輕夫婦！〉[14]，以一九八〇年町制施行為契機，積極招攬企業的結果，有松下電器產業（現名Japan

14 作者註：〈手厚い子育て支援で、若い夫婦がやってきた！〉篇名暫譯，刊登於《中央公論》二〇一四年七月號。

Display Inc.）工廠等入駐，據說他們活用向這些產業增收的固定資產稅，來進行福利政策。報導中舉出的例子有：無關所得高低，零歲兒也可享有最高月額二萬日圓的托兒津貼，以及到一八歲為止醫療費免費等制度。

不僅如此，川北町還兼具金澤市及小松市等地方主要都市的通勤圈內衛星都市身分，因此，有不少年輕夫婦為了育兒遷入此地。

應該沒有任何自治體是否定育兒環境整備的，不過，特別著力於此，同時也有財源去實現的自治體並不多。川北町的案例會受到矚目，是由於他們不僅限於向來受重視的硬體面，同時也重視軟體面的社區總體營造、人口維持策略。

另外，還有鳥取縣日吉津村，雖然是鄰接米子市的小規模自治體，由於擁有王子製紙和山陰地區最大規模的商業設施，建構起安定的財政基礎（在二〇一二年，平均每位居民的市町村民稅額是六萬四千四百七十八日圓，居鳥取縣內第一名。位居第二的米子市為五萬五千九百四十四日圓）。年輕女性人口變化率是增加六・八％，全國排名第七。

衛星都市型

衛星都市型，是利用大都市及地方主要都市的近郊地利之便，重點性進行居住環境整備，來增加居住人口。這一型在前二十名市區町村內佔最多數，不過位居地方主要都市的周邊都市，今後要繼續維持人口數，與實施和周邊區域一體性的措施是很重要的，因為當地方主要都市沒落，衛星都市也必然會受到影響。此外，由於有同年齡層遷入者佔多數的傾向，城市一口氣步入高齡化的風險也值得憂慮。

福岡縣粕屋町為鄰接福岡市的衛星都市，人口持續增加。距福岡機場也近，由於交通便利，從很久前就是廣受歡迎的住宅地區。年輕女性人口變化率為增加一・三%，為全國第四名。

群馬縣吉岡町則緊鄰高崎市、前橋市、澀川市，也是人口持續增加的衛星都市。前往前述三市任一市中心，都是車程二十分鐘的距離。年輕女性人口變化率為增加一・九%，為全國第十一名。

其他市町村也大致有相同傾向。

學園都市型

學園都市型，是藉由聚集大學及高等專門學校、公私立研究機關，讓年輕人口持續遷入，以維持本地經濟的模式。在歐美，許多有名大學都位於郊區地方，由於學生聚集而形成大學城的例子相當多。這是思考今後日本構造時一個重要的模式。

愛知縣日進市，既是鄰接名古屋市、豐田市的衛星都市，同時也有許多大學座落於此，像是名古屋商科大學、愛知學院大學、名古屋學藝大學、名古屋外國語大學、椙山女學園大學，成為一座「田園學園都市」，出現很高的人口增加率。年輕女性人口變化率為增加一・八%，為全國第十二名。

小巧城市型

這個模式雖然並沒有在年輕女性人口增加率排行榜名列前茅，還是想介紹給各位。

小巧城市型的模式，是在預期未來人口會減少的情況下，將以往整個城鎮的機能集約於中心地帶，以期提高身為本地經濟圈的效率。關鍵應在於藉由聚集化提高的都市機能，是否能與「吸引力」成功連結。

香川縣高松市丸龜町，以中心地帶的土地所有權人為核心，成立第三部門[15]社區總體營造公司，持續進行商店街沿路再開發建築物的建設。他們並不變更土地所有權，而是設定定期借地權，在那裡建設再開發建築物，由社區總體營造公司營運。在這樣的事業架構下，調整商店街整體的租戶搭配（店鋪佈局），帶來繁榮。高松市的年輕女性人口變化率據推算為減少五%，但預估社會移動（遷出）少，是今後值得矚目的自治體。

另外，宮城縣女川町在訂定三一一東日本大震災後的重建計劃之際，將學校等重點設施集中配置以集約動線，周邊部分的住宅區的構想也配合希望返鄉者人數彈性縮小規模。年輕女性人口變化率為減少五九%，但預估社會移動（遷出）會相對較少。

公共財主導型

公共財主導型，是藉由國家計劃級大規模設施的建設，改變區域樣貌，安定財政基

15 相對於第一部門為政府單位，第二部門為私人企業，第三部門指的是前兩者之外的其他法人，包括 NPO、市民團體等非營利團體，以及政府與民間共同出資經營的事業體。

礎，來防止人口減少的模式。不過，依據國家財政狀況，今後要跟以往一樣進行開發應該很難。這個模式，不能只仰賴國內資金，應該會需要進化到招攬國際性的計劃。

京都府木津川市位於一九九四年新開發之關西文化學術研究都市的一隅，是成長奠基於「開發研究都市」的代表性案例。加上與京都市、大阪市衛星都市機能的相乘效果，人口呈現成長。年輕女性人口變化率為增加三・七％，高居全國第十名。同樣的研究都市還有茨城縣筑波市。筑波市的年輕女性人口變化率為減少十五・一％，但社會移動是遷入大於遷出。

在增加率位居全國第九名的大阪府田尻町，關西國際機場佔了都市面積的三分之二，因此，二〇一〇年度地方稅總額除以人口，每人平均金額是四十六萬一千二百〇四日圓，遠高於府內第二名大阪市的二十三萬五千四百〇九日圓，是財政雄厚的自治體。年輕女性人口變化率推算為增加三・八％。

關鍵所在的產業開發型

最後介紹的是活用區域特色資源產業振興、達到增加雇用機會及居民定居目標的「產業開發型」模式。這個模式可稱為自立型，是每個自治體都希望達成的模式之一，在此將做詳盡的介紹。

秋田縣大潟村（農業）

產業開發型的代表性案例是秋田縣大潟村，成功達到農業產業化。年輕女性人口變化率為增加一五．二%，為全國第二名。在本次推算中，是秋田縣內唯一不在可能消滅的地方範圍之內。

大潟村是一九五〇年代，圍墾面積僅次於琵琶湖的八郎潟，依據國家政策人工創建出來的新自治體，特徵為農業規模巨大，以及成功達到活用其巨大規模自力更生的農業產業化。平均每間農家所有農地的面積為全國平均的十一倍。一九六四年剛開始時，僅有六戶共十四人的人口，截至二〇一四年七月，則有一〇九一戶、三二八六人。後繼無人，這個對全國眾多農家而言最大的問題，跟大潟村是無緣的。

實際上，根據秋田縣二〇一一年度市町村民經濟計算年報顯示，大潟村村民每人平均所得約為三四一萬六千日圓，是縣內第一名。這個數字直逼縣平均二三一萬九千日圓的一・五倍。而秋田市是二七八萬五千日圓。另外，二〇一二年度每人平均市町村民稅額為八萬九千〇八十三日圓，也遠遠高於縣內第二名、縣政府所在地秋田市的五萬九千兩百四十二日圓。農業大規模化、產業化發展蓬勃、人口也穩定的大潟村，是阻止年輕人從農村外流極為重要的事例。

福井縣鯖江市（中小製造業）

非常遺憾，產業開發型除了大潟村以外，沒有其他進入前二十名的市區町村。不過，在全國還是有許多值得矚目的自治體，以下為各位讀者介紹。

福井縣鯖江市位於福井縣嶺北地方中央。在這次的推算中，年輕女性人口變化率推算為減少二七・一%。但福井縣內十七個自治體中，有半數以上、共九個自治體是減少率五十%以上的「可能消滅的地方」（其中有四個自治體，在二〇四〇年的推算總人口未滿一萬人），相對於這個結果，可說鯖江市的人口遷出有受到一定程度的控制。

截至二〇一四年七月，鯖江市的人口是六萬八八九二人。增加率雖然開始減緩，不過自有數據可循的一九五六年以來，基本上長期大致都呈現增加狀態，人口增加率是福井縣內的第一名。

根據鯖江市官方網站，鯖江市以眼鏡相關產業興盛聞名。始於明治時代後半的這項產業，在一九八〇年代，是世界上首次成功發展出鈦金屬製造鏡框的技術，一躍攻進世界市場。鏡框國內市場佔有率為九十六%，全世界也佔了二十%，目前與高度品牌力的義大利和價格取勝的中國，並列為世界三大產地。近年，運用長年在眼鏡製造業培養出來的製造技術，也開始加入精密機器及醫療領域等不同業種。

鯖江眼鏡產業，乍見似乎一帆風順，但根據中村圭介〈眼鏡與希望——鯖江的挑戰〉[16]這篇文章，最近二十年，在鯖江從事眼鏡生產相關業者，事業所減少了四成、工作人數減少三成、而出貨金額減少了三成。光看這一點，作為眼鏡產地的鯖江的確縮小中。不過在這同時，每間事業所的出貨金額，據說在這二十年當中，都在約一億一千萬

16 作者註：〈眼鏡と希望——鯖江の挑〉，篇名暫譯，取自玄田有史編《希望學 明天的彼端——希望的福井、福井的希望》（**希望学 あしたの向こうに**——希望の福井、福井の希望，書名暫譯），東大社研出版。

日圓到一億兩千萬日圓之間上下，二〇〇八年還創下史上最高的一億四千萬日圓紀錄。

據聞鯖江有多數企業經營者，即使在全球化激烈潮流衝擊下，依舊充滿不斷迎戰的旺盛挑戰精神，可以說就是這樣的精神，奠定了該市特有產業的穩固基礎，抑制了人口外流。

聽說鯖江市三代同堂家庭的比例很高，即使夫妻雙方都有工作，也不至於影響到育兒。另外，鯖江市還兼具鄰近福井市及越前市的衛星都市機能。

北海道新雪谷町（觀光）

第五章也稍微提及的北海道新雪谷町，是座落於新雪谷積丹小樽海岸國定公園一隅的城鎮。一九五五年的人口有八四三五人，之後一路減少，到了一九八〇年代，人口徘徊在四千五百人上下，之後稍微增加，到了二〇一四年六月，人口為四八三五人。在這次推算中，年輕女性人口變化率是止於減少三八．四％，不過以北海道一八八個市區町村中，可能消滅的地方高達一四七個的情況而言，減少率還算小，年輕女性的遷出也少。

過去，新雪谷町與鄰町俱知安町同為以滑雪場為主要產業的觀光地，知名度很高。放眼全世界也相當稀有的粉雪（powder snow）廣受喜愛，外國觀光客開始聚集於此，是二〇〇〇年代以後的事。首先是有澳洲滑雪客、以及澳洲過來的投資開始興盛，之後，來自韓國、中國、台灣、香港等亞洲各國的觀光客也增多。現在則不僅滑雪季節冬季，泛舟、划艇等夏季觀光產業也非常活絡，已成為不分季節的全年型世界一大度假勝地。

新雪谷町特別值得介紹的是，他們不僅自治體敏感掌握住外國觀光客的動向、當地商工會也有萬全準備，還存在著領導者。根據觀光廳網頁「觀光王一覽」，澳洲人羅斯．芬德利（Ross Findlay）在一九九〇年第一次到日本，深受新雪谷地區自然的吸引，一九九二年移居到鄰町俱知安町。一九九五年，他開設了新雪谷探險中心（NAC NISEKO ADVENTURE CENTRE，NAC）這家公司，不只冬天的滑雪，也成功將泛舟等夏季運動事業化，目前每年約有三萬人參加 NAC 的旅遊行程，對增加新雪谷町觀光客有莫大貢獻。芬德利氏認為，戶外活動事業可以同時提供年輕人他們憧憬的生活型態及雇用機會，而藉由留住年輕人，能夠活化地方。一開始只有三人的 NAC 員工，目前已達八十人。

像新雪谷町這樣，透過外部的眼光凸顯當地魅力的例子絕不罕見。對全國自治體而言，觀光是有雄厚潛力的產業。但不可或缺的是，當地要有能迎接許多人到來的熱忱和柔軟富彈性的思維。

岡山縣真庭市（林業）

岡山縣真庭市，與鳥取縣中國山地接壤。在平成大合併[17]中，於二〇〇五年三月底合併原本的五町四村，實施市制。合併前舊自治體的總計人口，在一九七〇年是六萬二六〇八人，之後持續減少，二〇一四年是四萬八七六五人。本次推算年輕女性人口減少率為五二・一%，屬於可能消滅的地方。

不過真庭市做了各種值得矚目的努力，像是成為藻谷浩介NHK廣島採訪小組暢銷書《里山資本主義：不做資本主義的奴隸，做里山的主人》的題材，一夕成名。根據該書，真庭市走在能源革命的最前端，使用的技術稱為木質生質燃料發電，利用該市主要產業——林業、製材業產出的木屑為燃料來發電。真庭市高呼「木質生質燃料城　真

17 一九九九年～二〇一〇年由日本政府主導的市町村合併。

庭」這個稱號，於二〇一〇年還設置了木質生質燃料相關研究、人材培育據點。這個對策，也值得其他山間地區參考。

（澤田潤一、高山圭介）

對話篇一　不久後東京也將縮減，日本陷入無可挽回的局面

藻谷浩介／日本綜合研究所主席研究員
增田寬也／日本創成會議座長

藻谷：我記得是二〇〇四年的事情了，某位經濟學者在政府審議會中說出：「如果不把年輕人集中到生產力高的東京，日本的經濟不會成長。」當時親耳聽見這發言時，心裡受到很大的衝擊。我心想，由說出這種話的人來建議國家政策，日本要玩完了。沒想到經過了十年，增田先生都還必須針對人口問題大聲疾呼地警告，我對於毫無進步的日本感到十分驚訝。

增田：二〇一三年三月，國立社會保障．人口問題研究所（社人研）提出「日本各地區將來預估人口」報告，大概看過一遍就會明白日本的人口減少，已經到了不容忽視、而且速度飛快的地步，然而大部分的人都還停留在「啊～少子高齡化的問題還沒解決啊」這種程度的認知而已。但是身為參與地方政治的人，親身體驗到人口減少的恐怖後就會知道大事不妙。這就是我製作報告的理由（刊登於《中央公論》二〇一三年十二月號）。我把社人研報告中，地方人口流向大都市圈的調查，再做一些補充，清楚地讓大家了解不久後的日本會發生什麼可怕的事。

藻谷：不只有少子化是進行式，高齡者也在減少當中。如此一來，日本便會從規模小的地方開始，漸漸地依序「消失」。

增田：至少必須讓政治領袖們知道這個事實，但實際上卻沒有人認真做過分析。

藻谷：我自己在演講時會向政府單位的聽眾說「納稅人在減少喔」；向企業呼籲「客人要不見了喔」；還有質問政治人物「你能接受當權者都是老人嗎」。所有的事情都已經正在發生，但是大家卻不知道事情的嚴重性。

舉例來說，東京圈的工作年齡人口（十五～六十四歲）從二〇〇〇年開始減少，然而只要聽到「東京的在職人口從十年多前就開始減少了」，大家都顯得很錯愕。不過在我拜訪的企業中，JR東日本和豐田汽車已經發現事情有些「不對勁」。鐵道公司是從定期票的營收得知；豐田汽車則是因為有自己的銷售通路。

增田：換句話說，這也顯示出大部分的企業並沒有做相關調查吧。社人研的預估沒有被運用在政策和企業活動中，實在很不可思議，明明人口問題攸關國家和企業的存亡。

藻谷：所以增田先生在這個時間點發表這份報告，也特別顯得意義重大。

生育率上升，孩子的數量也不會增加

增田：說到人口問題時，日本老是將重點放在生育率，也是我特別想提醒的一點。因為生育率太低，所以必須想辦法提高的想法雖然沒錯，但是只關心生育率就會產生天大的誤解：日本生育率在二〇〇五年跌至一・二六，但是二〇一二年卻回升至一・四一，這樣下去終究會回復到二，就會跟法國一樣人口增加了……。

藻谷：咦，居然也有這種討論？！

增田：很遺憾地，現實並不會照著這個劇本走，因為關鍵的育齡女性正快速減少中。我每次去到地方都會這麼請求：「請從一九七〇年代左右開始調查，這個地方二、三十代女性的人口數量變化。」因為在眾多指標中，這是最能理解現實情況的數字。

藻谷：我也在二〇〇七年出版的《實測！日本的地方力量》（実測！ニッポンの地域力，暫譯）中提到，「今後生育率或許會提高，但出生人口本身會減少」，問題始終都出在孩子的數量。這邊有兩個解釋變數，就是您提到的育齡女性的絕對數和生育率，只看其中一個變數，心情隨著它的高低起伏七上八下，真的是愚蠢至極。連小學生都懂的道理，不知為何東大畢業的菁英們卻沒發現。

說點題外話，媒體現在都在大肆報導安倍經濟學多麼活絡消費市場，但是看了經濟產業省發表的零售業銷售額統計，簡單說就是全日本賣了多少東西的統計數字，二〇一三年一～八月的總額與去年比減少了〇・一％、佔比一〇％左右的燃料價格也明顯上漲。公布不知道從哪生出來的「成長率」，嚷嚷著「日本經濟好轉啦」，看到數字漂亮就妄下結論，然後依據不符合實際狀況的數據來制定政策。

增田：這樣的話的確有必要回到原點，分別分析育齡女性的絕對數和生育率，並且找出對應的解決辦法吧。只不過假設二〇三〇年的生育率能成功回復到二・一，人口要停止減少還是要等到六十年後，也希望大家能同時理解時間推算的部分。

高齡者消失，地方發展窮途末路

藻谷：報告裡面也有提到，不同地區的人口減少有時間上的落差，很多地方比大都市圈還要提早了三十到五十年。

增田：某種程度上，這個現象是被「少子高齡化」這個字眼蒙蔽了。如同一開始提到的，地方高齡人口的減少是和少子化同時在進行的，這裡的問題不是高齡化比率，而是高齡人口數本身就在減少。地方的醫療、照護等支援高齡者的產業比例很高，接下來都會逐漸衰退。

藻谷：從消費面來看，地方最大的現金流其實是年金，影響非常大。

增田：沒錯，如果就地方中型規模的模範都市來看，地方經濟大致分成年金、公共事業、還有民營企業，各佔了三分之一的比例。

藻谷：毋庸置疑的是，年金收入是與六十五歲以上的絕對人口成正比。就日本整體來看，再經過十年，此年齡層的人口數量會增加三成，然後就會停止增加……。

增田：山區的該年齡層已經開始減少了。

藻谷：如此一來，靠高齡者的年金維持營運的便利商店和加油站都會因此倒閉。我在地方都市演講的時候都會呼籲「貴公司正在面臨年金收入減少的危機喔」。恐怕這次的報告也是第一次反映出這個現實吧。

增田：醫療、照護相關產業是地方年輕人的工作來源，一旦產業衰退他們便失去工作，到時必然會轉向大都市尋求工作機會，人口就這麼流向東京。沒有了年輕人，孩子數量只會減少，鄉下的熱鬧街道將會隨之消失，這絕對不是誇大其辭。

東京是「人口黑洞」

藻谷：那麼東京有容納地方年輕人的能力嗎？答案是否定的。現在的東京是個用低工資把年輕人當「免洗工」的都市，若是地方求職無門的人們大量湧進來會變成什麼樣子？年輕人聚集到這裡勢必會加速少子化的進行，房租高、缺乏地方支援等。比起地方，東京這種大都市養兒育女又是格外困難哪。

增田：二〇一二年的生育率一．四一，其中東京的生育率是一．〇九，是四十七個都道府縣中最低的，也是忠實呈現了您說的情況。

藻谷：這種警示就是我期待的使用生育率數據的方法（笑）。生育率一．〇九等於夫妻兩人平均擁有約一個小孩，如果這樣持續三代會變成什麼樣子？〇．五的三次方等於〇．一二五，換句話說，一百個年輕人聚集到東京，到了他們的曾孫那代只會有十二、十三個人。但是如果拿這件事去跟菁英官僚和經濟學者討論，他們只會斷定「不會發生那種事」。

增田：他們的理由是什麼？

藻谷：他們的說法是「會有鄉下的人來補足，沒問題的」。然而如果明白剛才談到的地方現況，就會知道地方的「人才資源庫」已經快要枯竭了吧。

實際上東京的人口已經到達極限了。根據社人研的統計，東京、千葉、埼玉、神奈川的一都三縣，從二〇〇〇年開始的十年間，人口增加了二二〇萬人，可是二〇一〇年開始的二十年間，人口預估僅僅增加了七萬人，而這還是總人口的數字，工作年齡人口的部分如同剛才提及的，相當不樂觀。雖說二〇〇〇年開始的十年內，人口增加了二二〇萬人，但同時六十五歲以上的人口是增加二五〇萬人，也就是說未滿六十五歲的人口減少了三〇萬人。

增田：在那之後的情況恐怕會更嚴峻呢。

藻谷：二〇三〇年到四〇年的預估，首都圈的工作年齡人口將減少十四％，幾乎跟全國平均減少十五％不相上下。

增田：把原本應該在鄉下帶小孩的人吸引到都市，造成地方消滅，還讓這些人不生孩子，其結果就是國家整體人口不斷減少。這種情況我把它稱作「人口黑洞現象」。

藻谷：實在是很傳神的比喻，東京就是一個「消耗人類的城市」。那些呼籲要召集更多年輕人到東京的言論，根本就是要讓日本滅國的陰謀（笑）。

必須抱著決心打一場在劣勢中也要減少傷害的「撤退戰」

增田：其他政策也有相同的問題，過去日本人口曾經節節攀升，結果一把「人口會增加」設定成整體結構的前提，就不會想要改變這點。官方也好、民間也好，或許是因為上位者都被過去的成功經驗所束縛，而不願意轉向吧。

藻谷：這件事我也跟許多人討論過，不去思考正確的做法，一味地看風向下決策，這些「考試機器的菁英」才是萬惡的根源。

增田：那邊的反應如何？應該很快就意識到問題的嚴重性吧。稍微離題一下，人口急速減少並非日本特有的問題，而是亞洲各國皆存在的危機。前些日子去美國的時候也談到了這個話題。

藻谷：沒錯。從超保守的美國傳統基金會，到民主黨派的卡內基基金會都一致認同這是個必須正視的問題。

增田：國外對於人口問題的危機意識都很強烈呢。他們的政治人物都有好好學過人口論。

藻谷：因為經濟學的一開始就是教導人口的概念，所以像是生育率、失業率，這些並不會被分開來看，或是過於拘泥地檢視。總體經濟學講求的是絕對值，而不是比率，這是除了日本之外，世界各國的共識。

增田：這部分只能希望大家試著用與以往不同的角度來思考了。既然日本的人口是以剛才提到的結構在加速減少中，那麼我們應該防止人口往東京這個單一地區大量集中，並將地方建設成獨立自主的社會，這也是一個具體的做法吧。只不過這會衍生出另一個議題，就是該怎麼讓地方來分擔東京的機能，我認為這需要另外討論。

藻谷：就是您提倡的「防衛與反轉線」對吧。

增田：關於它的概念，希望大家可以讀讀報告。簡單來說，就是不把精力放在阻止含山區在內、全部地方的人口減少趨勢，而應該把地方主要都市視作最後的堡壘，將資源集中在這裡，全力追求地方城鎮復甦，讓年輕人不必遠赴東京，得以留在地方的構想。

藻谷：不同地方的人口可能會減少一半、或者三分之一，我們必須盡快拉起一條防衛線，防止人口繼續外流。或許人口規模還是會比現在縮減許多，但不會完全歸零。我認為是很實際的做法。

增田：順帶一提，以往也不是沒有出現類似的想法。比如說在我擔任總務大臣的時候，藻谷先生也是審議會的一員時提出的「定居自立圈構想」，意即都市共同分擔機能，並和周邊地區合作，建立出獨立的經濟圈和生活圈。

其實當時的福田康夫總理就意識到：「我的家鄉群馬縣的年輕人接二連三搬到東京，有沒有什麼辦法可以阻止這個情形繼續發生？」福田前總理把它稱為「水庫機能」，代表他確實有理解到問題的本質。

藻谷：補充說明一下，群馬縣有高崎、前橋兩個相同規模的都市，人口加總起來是接近一百萬人的都市圈。但不幸的是兩邊各過各的，其結果就是演變成人口數是三十加三十，而不是五十加五十，都市的機能被扼殺掉了。相對地，隔壁栃木縣宇都宮市的人口雖然只有五十萬出頭，但卻遠比高崎市和前橋市還更努力發展規模經濟，城市的規模也很大，出色地扮演了地方主要都市的角色。

增田：這的確是思考「防衛線」時很值得參考的案例呢。

藻谷：我也贊成您的看法。只是像這種在節節敗退的時候，趕緊拉一條防衛線拚命死守的「敗戰」是日本人最不擅長的吧。

增田：沒錯，就是「撤退戰」。

藻谷：我常常在演講時出這道題目考大家：「太平洋戰爭結束的八月十五日之前，雅加達、香港、新加坡分別是被誰佔領的？」答案全是日本。嘴巴嚷嚷著本土決戰，卻不召回軍隊集中戰力，在外部浪費時間的後果就是落得悽慘的下場。我們不能再重複這種愚蠢的行為了。

我認為現況不必再提要「反轉」局面，只要把重心放在「防衛」，就算人口減少，至少能夠努力讓減少的趨勢緩和下來。不這麼做的話，那些只在意數字高不高的人一定會批評「情況沒有逆轉，一定是用錯方法」。

增田：原來如此。所以少子化進展到現在這個地步，應該是把「人口減少」當作前提，盡可能地把減少比例降到最低吧。然後去因應不同的局面，祭出能有效生出最大利益的對策才是根本之道。如果任憑情況惡化不做處置，最後被黑洞吞噬，大家一起玩完才是最差勁的劇本。

在移居鄉下的年輕人身上看見微小的希望

藻谷：雖然要預測未來是很困難的，但是地方已經進入人口急遽減少的時代，數量恐怕會減至三分之一或四分之一。至少我們能努力趕緊在某個程度止血，讓人口數量持平，前提是您的提案要能付諸實現。

增田：關於未來的預測，這次還沒辦法寫出來，是下次的題目。

藻谷：或許我這樣說可能會被認為太天真，但是看到現在的東京或大阪，我認為未來會有不少年輕人即使沒有收入，還是會選擇到鄉下發展。

增田：例如因為總務省的「地域振興協力隊制度」而移居對馬島的女性，聽了她運用研究所所學，在當地進行自然資源保育的活動、進而和當地青年結婚的分享，實在讓人感到十分佩服呀。同時在其他地方，也有許多年輕人以協力隊的身分進入當地，雖然只是個開頭，但我感覺其實有不少潛藏的儲備兵力。

藻谷：某種程度上也算是動物的本能吧。雖然用朱鷺比喻可能會有人不開心，但根據某份文獻指出，在一九六五年前後，突然有一群朱鷺飛到中國，經推測其背後的理由，是因為朱鷺察覺到繼續待在日本有滅絕的危機，因此發揮冒險精神，跨海飛到一樣有梯田環境的中國內陸，因而找到新天地便待了下來。日本現在反而得從中國引進朱鷺。

增田：原來是這樣啊。

藻谷：另一方面，留在日本的朱鷺果然走上滅亡一途。同樣的事情也漸漸發生在現在的年輕人身上。

我認為企業也需要改變思考模式。舉例來說，雀巢公司總部設立在日內瓦湖畔的小鎮中，除了社長之外的員工都住在當地，空閒時玩玩遊艇當作休閒娛樂，這樣的型態還是可以拓展全球市場。所以說，不把總部設在東京就沒辦法蒐集情報的說法完全不合理。補充說明一下，美國前百大企業中，只有四分之一的公司把總部設在紐約；日本則是有七成的公司總部設在東京。

增田：公司全部聚集在丸之內[18]的景象，在其他國家看來應該很不正常吧。

藻谷：現在還是有像豐田市的豐田汽車一樣，把總部留在本地的公司吧。

增田：趁現在本地還有年輕人才，之後勞動力調度的做法應該會變得跟東京完全不同，企業該認真想想這個問題了。

藻谷：再更進一步地說，大眾的觀念也必須改變。我自己有兩個兒子，實在不希望他們大學畢業後進入大公司，還要每天加班。與其無法養育下一代、過著被消耗的人生，還不如搬到鄉下，從事年收二百萬日圓的農業來得幸福。只是這麼做的話，就會被別人認為是都市混不下去才逃到鄉下，這種世俗眼光恐怕會變成人口移動的阻礙吧。

增田：我要再次強調，大家必須先正視事實，有面對危機的共識，才有辦法開始解決問

18 位於東京都千代田區，鄰近東京車站與皇居等重要設施，是東京最主要的商業區之一。

題。可能有些人會覺得二〇四〇年是很遙遠的未來，但仔細想想，到時候我也有一半的機率還活著（笑）。

藻谷：您就可以成為佐證八十五歲以上人口增加的現象的實例（笑）。

增田：雖然想到未來的事，心情就一片黯淡，但是跟疾病一樣要及早治療比較好。這次的建議只是個起頭，下一步就要讓更多人針對這個議題有更多的討論。

（文字整理／南山武志）

藻谷浩介　一九六四年生於山口縣。東京大學法學部畢業後，進入日本開發銀行（現為日本政策投資銀行）。二〇一二年轉為現職日本綜合研究所主席研究員。著有《實測！日本的地方力量》、《通貨緊縮的真面目》（デフレの正体，暫譯），另有合著書《里山資本主義》等。

對話篇二　尋找解決社會人口遽減的處方箋

小泉進次郎／復興大臣政務官
須田善明／宮城縣女川町長
增田寬也／日本創成會議主席

高精確度的人口預測

小泉：我認為數據會說話，這樣的第一印象，來自於看到以增田老師為代表的日本創成會議・人口減少問題檢討分科會所發表，一般稱為「增田清冊」的資料[19]。儘管我們能夠預測，從北海道到沖繩的所有地方自治體，二十到三十九歲的年輕女性人口在二〇一四～四〇年之間如何轉變；然而，看到這些實際數據，心理衝擊還是相當大。

須田：我們女川町名列「可能消滅的都市」名單之中。女川的數據來自於民間調查單

圖8-1　二〇四〇年二〇～三九歲女性減少50%以上的市區町村

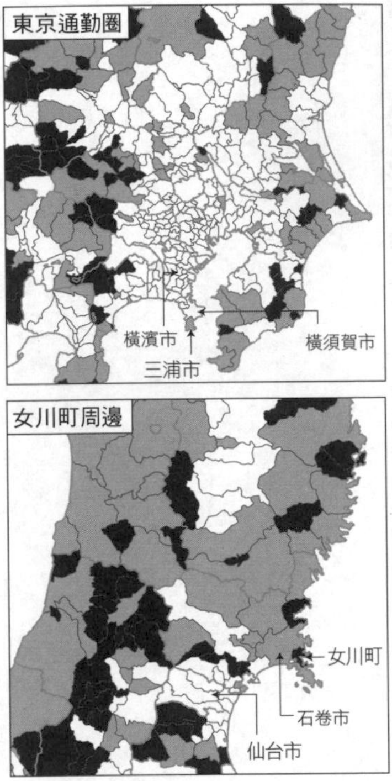

2040年人口一萬人以上，年輕女性減少50%以上（預估）

2040年人口未滿一萬人，年輕女性減少50%以上（預估）

（以人口持續移動的前提進行預估）

一般財團法人北海道綜合研究調查會 (HIT) 製作

19　以社人研的報告為依據，推算出二〇四〇年可能面臨消滅的自治體的名單。

位，其實早在東日本大地震之前，我們就已做好心理準備。然而，沒想到日本全國從都市到鄉下的所有地方，都將面臨人口遽減的局面，這實在令人感到震驚。

小泉：我的選區在神奈川縣的橫須賀市與三浦市，從東京市中心搭乘電車所需時間約一小時，所以也有人認為它帶著濃厚的都市色彩。然而，橫須賀市的人口將減少四十一．九％，三浦市甚至減少五十七．九％，其實與東北的受災區女川町減少五十九％並沒有什麼不同。日本人口減少的問題，已經超越偏鄉地區人口趨於稀疏的程度，連首都東京也正面臨著這種嚴峻考驗。

須田：這絕對不是和我們自己無關的事。首先，必須從政治當局正視並接受此一問題開始。

增田：在這份清冊發表之後，我們聽到了各種不同的意見。儘管其中出現「這真是大驚小怪」的聲音，但這次的人口預測比起經濟預測，是一項正確度更高的數據。在日本所有提出未來預測的資料中，它可說是最精確的數據。我認為若不去做任何改善，恐怕將面臨嚴重的結果，這一點實在令人擔憂。

無論如何，正如須田先生所言，到目前為止，我們只是隱約察覺自己的都市人口似乎正在減少。然而，在看過清冊後，應該就能深刻體認，實際上偏遠的地方自治體也正在發生同樣的事。以自治體的層級去思考人口問題，就能發現各個地方都有人口確實減少的共通點。

以人口減少為前提來復興

小泉：有人說「東北受災區的樣貌，就是未來的日本」，人口減少的問題正符合了這項說法。只是老實說，當我嚴格審視受災區的未來時，這次的清冊的數據，讓我產生「果真會變得如此嗎？」的疑慮。若以明年（二〇一五年）的人口普查為基準，再次進行調查，是否有可能會出現更嚴峻的結果？

增田：您說的沒錯。這次預測的基準是依據二〇一〇年的人口普查資料，並沒有參考震災因素。因此，有人說清冊的資料對於震災地的狀況過於「輕忽」，這實在是無可奈何的事情。

須田：我也覺得如果這樣下去，未來將有更嚴峻的現實等待著我們。為了避免這種局面，我們必須推動復興工作。當我稍微瞭解女川的情況後，當然明白最優先的是確保居住場所，重建當地居民的生活。例如，我經常把「三十年後，地方上小都市應有的樣貌」這種未來型態放在心中，並且研究與檢視。基本上，根據人口減少的情況，我們以小巧都市為目標，規畫並整合大家的生活動線。另外，還有一件事情，我認為此時此刻非常重要，但卻不曉得十年後是否依然正確；那就是將來會有新世代的轉變，所以應該為他們預留創造新挑戰的發展空間。

小泉：這是重要並且困難的課題，我們必須畫出復興的藍圖，然而只把藍圖畫完卻是不行的。尤其是受災區的地域結構變化急遽，誠如您所言，必須設計規畫出一套能夠因應的完整措施。

同時，海嘯或核災事故原來就是地方上日趨敏感的議題。若不趁著這次復興的機會一併解決結構上的問題，將會產生「仍帶著地震災害發生前的問題去重建受災區」的危險性。

須田：我認為，該打造什麼樣的都市，該從哪裡切入，這些事情相當重要。不久之前，電視節目播出一段紀錄片，女川町的一間老店「蒲鉾屋」第四代傳人發表「我們將逆向東京之道而行」的談話，這段內容傳達了非常淺顯易懂的訊息。不論在任何地區，至少都會有一項屬於該地方的獨特事物，舉凡產品、風格、歷史與生活型態等皆有可能是獨特之處。我認為，想把所有吸引人的要素都湊齊，那是難以辦到的；但相反的，可以靈活運用地方上的那一項獨特事物，發揮「我們與東京有所區別」的地方特色，這是一項重要的觀點。

增田：歷經地震或颱風侵襲之後，把受災地「回復原狀」的復興工作，從過去到現在已經進行了好幾次。這種復興工作有個前提條件：人口會增加、經濟要發展。然而，這次東北的復興藍圖，卻必須在這樣不利的時代背景下重新訂定：當地首次面臨人口減少問題，人口也極度集中在東京。在這種時刻，從事復興工作的當事人提出「走出一條不同於東京的路線」言論，實在非常振奮人心。保持如此初衷並持續灌溉耕耘，朝向未來三十年努力發展，一定能開創出高密度，並且充滿意義的復興偉業。

小泉：我的故鄉是橫須賀。在二〇一〇年，「百貨公司賣場」這一個橫須賀的都市象徵大幅萎縮，顯然再次印證了地方的經濟衰退。儘管我們都接受了這項事實，但實際上，我也對故鄉的人說過與蒲鉾屋第四代傳人相同的話：「如果想去百貨公司，那麼去東京就好了。但是這並非憂慮事物的消逝，而是我們必須認真思考，打造一個有別於東京的都市。」這一次，國家把神奈川縣的整體區域規畫為「東京圈」的國家戰略特區。我認為每一個人都必須思考，在這些選擇項目中，自己到底能夠做些什麼事情。

須田：首先，我認為應該從拋棄「發展均衡國土」這項標語開始，因為平等主義的均衡發展無法成立。儘管如此，問題出在只提倡「（每個地方／每朵花）原本就是特別的唯一」[20]，實際上卻一直朝向「不做唯一也無所謂」、「即使不努力也沒關係」的方向前進。我認為歌曲的精髓其實在於「正因為想讓那朵花兒綻開，所以必須努力不懈」這一句。我認為政府以這一點提出明確的訊息非常重要。

面臨縮減問題，該如何取得居民認同

小泉：須田先生參加內閣府「『未來選擇』委員會」的工作小組，它的目標是跨越人口遽減、超高齡社會，並且開立解決處方箋。我認為這些工作有其必要，因為它反映出受災區現場的真實聲音，這些課題的形成具有象徵代表性。

我們特別邀請須田先生來是有其道理的。透過這份清冊就能明白，在自己的故鄉，人口遽減的危機是攤在陽光下的事實。那麼，該怎麼辦？試著改變過往的政策、展開新的地方營造，在思考這些問題時，行政機關首長必須正視「該如何與居民取得協議」的問

20 以下幾句歌詞均出自 SMAP〈世界上唯一僅有的花〉。

題。因此，我認為即便是女川町是受災區，在與當地居民達成如此困難的共識過程中，一切進行得可說是相當順利。

須田：就結果而言是這樣沒錯。

小泉：如果是談到第二次世界大戰後高度經濟成長時代的正面話題，一點也不覺得很難討論。然而，當面臨困難的課題，大家卻盡可能避而不談，儘管心裡明白有討論的必要，卻難以大方開口去談論。

增田：就某種意義而言，它對民主主義是一種考驗。該如何增加負擔、是否縮減規模，一旦開始討論這些課題，就容易選擇輕鬆的做法。到頭來暫緩推動，最後的藍圖又與過去推行的方針大同小異，到目前為止，這種模式已歷經太多次。

小泉：由於這次女川町因震災而外流的人口超過預期，最初地方營造的復興計畫變得窒礙難行，實在令人感到遺憾。因此，只好縮減原先的計畫，再次提出修正方案。透過無數次與當地居民的溝通協調，最後終於獲得大家的支持。

須田：首先，我們舉辦了大約四十場的住戶說明會，內容是女川町土地運用的原案計畫，以及包括町外的組合屋等相關事宜。

增田：雖說是簡單的說明會，卻舉辦了四十場，這可是非常消耗能量的工作呢。

須田：在說明會裡，我們表達復興藍圖時，一定會告訴大家三件事情。第一件是復興工作的財源多數來自國家經費，如果花費一仟億日圓，就等於每位國民須負擔八百日圓；花費二仟億日圓就是一人一仟六百日圓。有了全體國民的支撐，復興大業才得以成立。因此，千萬不能有「反正是復興工作，又是國家經費，倒不如趁這個機會拿來揮霍」這種念頭。第二件事情是並非打造安全的住宅用地就是復興。我們應去追求，是否能夠透過復興，為將來的世代開創一座永續的都市。並非只顧及當下，最重要的是，把眼光放在長遠的未來，跨越此時的困境。最後則是期盼大家能有一個共識，復興是我們每一位當事人必須努力實踐的事情，如果無法展現自立自強的態度，最後連援手也會離去。在此過後，每當工作說明或規模縮減等計畫變更時，我們就在三十個地方，各舉辦兩場說明會，前後總計一共舉行了一百五十場左右。

小泉：在如此一步步的努力下，位於受災區的地方自治體克服了艱難課題。今後我們將迎接人口遽減的社會，全國各地方的自治體將會面臨相同的難題，因此女川町可說是值得參考的範例吧。

須田：不過，我們必須注意到女川町的特殊性。我們町裡有七成以上的建築物都被海嘯吞噬，遭遇前所未有的災害，町裡的居民大多數人遭遇相同。因此，大家可說是往同一個方向走，才能一起建設基礎。大家對自己的土地懷抱著各種情感：「總之，我們同意整地，請盡快完工吧」並且提供一切協助。

小泉：即使這次女川町的情況，屬於地方上規模較小的「可能消滅的都市」。然而，正因為規模小的緣故，我認為可以在新的復興規畫中，作為應變的參考範例。反倒是當擁有相當人口的自治體被指出也是可能消滅的都市，例如：秋田、青森、函館、旭川等地區，面臨政策的轉變時，或許會相當辛苦。

增田：我們認為舉行三十場、四十場的說明會「足夠」，是由於女川町規模的因素。如果是人口達三十萬人的都市，首長一一向全體居民說明是不可能的事情。像這樣「女川方式」的做法，必須下功夫去規畫策略，讓不同居民達成一致共識。

另外，誠如您所言，如果是小型自治體，能順利與居民達成協議，轉為實施有效方法的話，我認為就有可能在某個時間點突然產生變化，阻止人口減少。

以「現代版的參勤交代[21]」俯瞰國家與地方

小泉：國家把人口減少的問題，定位為應最優先解決的課題，展現明確的態度，致力實施具體政策。地方自治體配合國家政策，同時摸索新的發展方向。此時，事情的成敗關鍵還是在於「人」。然而，到底地方上真的有人才嗎？

增田：這正是一個問題。

小泉：不久前，我與一位地方議員談話。他表示，在地方上相當優秀的年輕人去了霞關[22]之後，就不再回來故鄉了。今後，我們必須思考，是否該訂定相關制度，讓這種優秀的人才成為國家與地方之間的橋樑，確實發揮職責。這就是我意識到的問題。讓國家公務員回到自己的故鄉，或者倒過來，讓地方公務員在霞關工作。如此一來，公務員可以俯瞰國家、都道府縣、地方自治體的所有制度、法規與條例，培養規畫政策的能力。我認為，國家與地方上都需要「新公務員」，這種角色能夠打破過往國家公務員與地方公務員的框架，對於國家與地方兩邊都不可或缺。

總之，我們必須讓人才的交流更頻繁。前陣子，我與增田先生提到，如果能夠將「現代版參勤交代」制度化，讓地方與中央的人事經常交流，打破過去的框架，一定能夠提升

21 日本江戶時代，德川幕府每一年讓藩主（地方領主）在江戶與封地之間輪值工作的一項制度。

22 日本中央政府機關的所在地。

更多成效。

增田：江戶時代的參勤交代，也許壓迫了藩的財政。然而，領主透過每年往返江戶與封地，能夠把自己在中央見習到的各項做法帶回自己的藩國，不失為一個好機會。正如您所言，能夠俯瞰地方與中央非常重要，應該盡快把它制度化。

小泉：我認為，現在這件事情正開始萌芽，把受災區的副市長與副町長派到霞關，在掌握各自地方上的課題後，瞭解國家的政策與制度能夠解決什麼問題，以不同角度看待受災區。今後，這種方式除了日本全國，在可能消滅的都市中特別是當務之急。當然，官方民間交流的重要性也日益增高。

須田：我從縣政轉任町政，再次深刻感受到比起縣議員時代，我對許多資訊都不清楚的困境。就我們來說，雖然對石卷地方圈的資訊瞭若指掌。但是，其他縣的自治體在做什麼，若不去特別關注，根本無法獲得任何資訊。中央省廳的情況恐怕也相同。不久前，一位省廳的公務員發洩不滿，形容得非常貼切：「我們對地方上的現狀其實並不清楚，在無法掌握的情況下，還要去訂定制度。」為了打破這種局面，我強烈贊成推行人事間的交流，並且增設能夠掌握中央與地方全貌的職務。因為穩固地方的基礎，才有國家的存在。我認為對中央與地方來說，這是一項非常有益的政策。

須田：我覺得，從地方人才這點去看，如何培育年輕世代，打造一個讓他們能夠努力的環境是重要的課題。剛才，我提到女川町的工作推動，也是靠著民間團體的協助，事情才得以運作順暢，這是其中一項重要因素。在女川町遭遇災害後的一個月裡，民間以商工會為中心，成立了復興連絡協議會。當時，商工會長已經六十歲，他發表宣言：「每位年屆花甲的人都會擔任顧問。」接著又表示：「我們會想辦法籌措資金，成為大家的後盾。希望年輕人思考自己生活的未來，讓自己成為中心，去開創嶄新的未來。」會長把重任託付給下一個世代的年輕人。在十年後、二十年後的未來裡，這些新世代將成為中堅分子，將復興工作以「該如何開創未來」的角度去穩固基礎。

增田：像這樣的世代交替應在什麼時機下進行，是否能順利完成，我認為這是今後日本的一項考驗。除了善用歷經嚴格磨練者的寶貴經驗與智慧，但千萬別讓成功經驗成為絆腳石（笑）。彼此的統合確實相當重要，但卻也是一個困難的課題。

「希望生育率」的評鑑基準

須田：為了阻止人口遽減，提升嬰兒生育率也是必要的。

增田：正是如此。只是到了最後，它攸關著所有育齡人口當事人的敏感問題，即使提高生育率是政府的任務，也怕演變成唇槍舌戰。例如第二次世界大戰前，政府強迫國民「生吧！繁衍後代吧！」像這樣這種不恰當的政策。

須田：的確令人難以置信。

增田：最新二〇一〇年的出生動向基本調查中，未婚女性期待結婚的佔比為八十九・四％，期望擁有的孩子人數平均是二・一二人。已婚夫妻的理想子女人數平均是二・四二人，預計生育孩子人數是二點〇七人。也就是說，日本年輕人平均下來，至少希望能擁有兩個孩子。因此，把阻礙這些想法的現實因素都剷除掉，就等於掌握住提升生育率的關鍵。

日本創成會議提議，把國民期望能實現的生育率——希望生育率——從目前的一・四人，提高到一・八人。這是根據日本生育率最高的沖繩縣實際數值，以及OECD（經濟合作與開發組織）各國的現況所計算出來。我們應認知到，儘管伴隨著許多困難，但它並非無法實現。

須田：我認為以目前的目標而言，這是一個合理的數值。

增田：然而，重要的還是在於數值目標的推廣方式，就算再怎麼建議當事人「您府上是否還要再生一個呢？」也是沒有意義的。一．八人這個數字，只不過是個評鑑基準，用來衡量政府機關的少子化對策是否真的發揮作用、是否成功剷除了阻礙生育的因素。那麼，該怎麼做才能實現目標，我們還是必須從過去尚未討論的問題開始做起。具體來說，首先應穩定生育與照顧上的經濟基礎、女性兼顧育兒與工作的問題，以及鼓勵丈夫參與育兒工作。如何改變困難的現況就成了一大課題。

小泉：談到這一點，單身的我實在難為情（笑）。雖然這一代養育孩子的價值觀在轉變，我認為還是必須關注它。過去的人也許沒太多顧慮，就把孩子生下來。然而，現在的人卻會冷靜分析收入與未來，並且思考「我這樣沒問題嗎？」幾乎所有人都在意現實狀況。誠如您所指出，我們不應該只是一味追求目標。另外還包括國民年金在內等社會福利，這些保障若分配給更多年輕世代，我們就應該瞭解社會改革是必要的課題。

阻止大量人口外流到東京

增田：我們所能想像到最糟糕的狀況，就是無法阻止地方人口外流到東京。最後，地方都市將走向消滅一途。此外，東京會以超級密集的都市變成極點社會。為了不使情況惡化，防止地方人口外流的水庫功能就變得不可或缺。具體做法是，把充滿吸引力的據點都市設在地方上，它能牢牢繫住該地區的人口。

好比有一個人在仙台地區工作，他可以從女川町通勤到仙台上班。就算他搬去仙台，週末仍然可以回到女川町的父母親家，而平日善用照護制度，也許還可以減輕故鄉的負擔。然而，實際上卻事與願違，年輕人直接選擇到東京工作才是問題所在。

小泉：提到「有吸引力」，剛才有講到一個重點，那就是把仙台打造成「迷你東京」是行不通的。

增田：從這次人口資料來看，「就算是地方主要都市，但人口若持續外流，將來的發展依然毫無希望」這樣的都市一點都不少，我們可以確實認知到這個事實。就連仙台這樣的大型都市，若是一副「反正我們是據點都市」的態度，而對努力有所懈怠，未來會演變成何等情況就不得而知了。

從清冊數據來看，我們得知，像秋田縣大潟村的農村有三千多人，就算它不是都市近郊住宅區，該自治體的女性人口反而呈現增加趨勢（大潟村的年輕女性人口變化率為增加十五．二％）。順帶一提，大潟村的農業發展得非常順利。如果提到目前地方上的據點都市，雖然我們已經掌握人口規模，但今後應充分研究探討，必須具備什麼條件才能成為據點都市。過去，地方的成長範例一律認為「迷你東京」就是好。然而，在人口減少的時代，我認為據點應具備多元化的特性，大家應集思廣義，展現智慧才能生存下去。

須田：打造「據點都市」時，就一定會有「不是據點都市」的地方自治體，而女川町的條件正是後者。不過，就另一層意義而言，不是據點都市也無所謂。在復興女川町的地方營造工作裡，我以町民的角度去看，檢視它是否成為方便理想的小巧都市。同時去思考如何設計「在石卷圈區域中屬於自己的都市」。我的想法是，讓石卷市扮演據點都市的角色，女川町則將我們自己所能孕育的價值與功能，提供給圈域達二十萬人市場，讓每一個人都能善用它。

增田：我也想談談東京的情況。由於外地人口持續流入東京，看起來暫時應該沒什麼大問題吧——其實這種想法是個天大的誤解。比方說，以現況來看，準備接受長期照護的老人就有四萬三千人，二〇四〇年時七十五歲以上的高齡者人數更是翻倍。相反的，年輕族群將減少四成，我實在無法想像到時候的世界會變得如何。到二〇二〇年之前，就算日本舉辦東京奧林匹克運動會，還能一股勁地向前衝，然而在這之後的將來，日本是否依然維持世界水準，持續發動成長的引擎？按照目前情況下去，實在非常危險。在那些數據的背後，其實隱藏著可怕的現實問題。

特別是東京，光只考慮少子化對策是不夠的，還必須認真思考，如何以高齡者這類族群的「人口逆向流出」策略，解決人口密度過高的問題。我認為，這項課題恐怕不是只靠東京都就能解決。目前，政府積極準備東京奧林匹克運動會與推動國家戰略特區，但我認為更應去體認「問題核心」的嚴峻情勢，保留一些精力去思考解決之道。

避免人口「遽減」的對策

小泉：我第一次看到這份清冊的時候，就接收到「千萬別逃避這項事實」的訊息。當然，包括對地方自治體首長，以及政府或行政機關的相關人員來說，它是「必修科目」，正所謂「若不選修這項現實問題的學分，就無法討論我們的都市」。

增田：大家都有這些共同的數據。然而，如何面對這些問題？具體上應該做什麼？每個地方自治體的因應做法都可能會產生相當大的落差。

小泉：比方說，有一些爭論是，為了減少赤字，必須關閉地方上的一些公共設施。然而，一旦到了選舉期間，就會出現政治人物只要高喊反對，這些公共設施就不用關閉的情況——即使就中長期來看這是不負責的決定。不過，我認為如果大家一起去感受將來的危機，自然就會表態：「明明都已預測未來情況變得嚴重，你們這種反對的想法實在太不負責了。」進而開始淘汰這些政治人物。一旦如此，地方自治或國家政策就能託付給真正擁有自覺與責任，以及對將來懷抱明確遠景的人。就這層意義而言，我們能讓這份清冊的意義擴大到什麼層面，是一件非常重要的事情。

須田：我完全認同您說的話。

小泉：同時，日本到目前為止，幾乎沒有人具體討論人口減少的問題，這份清冊或許可以成為它的出發起點。例如，清冊預測了人口減少問題，於是政府規畫制定包括稅制方面等的新居住政策，以因應各種新狀況，如此一來，便能擴大整體居住環境。就算是年輕人，也能住在比目前還要寬廣舒適的家。我認為，大家因為人口減少帶來的缺點而感受到威脅的同時，也應該認真思考正因為人口減少所以更能達成的事情是什麼。

增田：在農地方面，政府會根據農地不足的情況而制定農地法規。但是，今後會出現另一種情形——只要大家有心，到處都可以打造農地。這個構想極具意義，我們打出的標語是「STOP『人口遽減的社會』」，希望能一口氣阻止人口遽減的現象導致日本社會衰竭，同時切入人口減少」的問題點，轉向更好的做法。

在這種情況下，地方自治體身為基層單位，對地方營造必須保持堅定的想法。我認為，都市計畫法的目的，主要是管制人口增加的胡亂開發，現在並不需要這種法規。今後的時代將轉變成各地自治體應依據地方條例，實現活絡地方都市中心。過去的法規將會突然改變。只不過，目前就算觀念轉變，情況仍不為所動。地方上提出了各種策略方法，儘管想著手進行，卻受到現行法規阻礙。由於這種例子層出不窮，最後才會決定從徹底改革方面著手。

小泉：二次大戰戰後與三一一東日本震災後兩者最大的差別是，能否以人口增加、經濟成長作為前提。在無法實現的情況下，就算日本今後打算開創繁榮社會，國家本身也無法逃避轉型的問題。

無論政治或社會上，正因為找回了安定，所以我們此刻有許多事可做。我期盼政府應率先面對這些嚴峻考驗，盡可能以淺顯易懂的語言，傳達給每一位國民理解。

今天邀請既是災區、同時也是被指出「有可能消滅」的女川町的町長須田先生參加交流討論，我認為這一切具有重大意義。期盼有一天能以相同的主題，在女川町舉辦一場市民會議。

須田：希望大家一起努力加油，阻止「可能消滅」的狀況加速惡化（笑）。請務必一定要實現理想。

（編輯／南山武志）

小泉進次郎　一九八一年出生於日本神奈川縣。關東學院大學經濟學部畢業。美國哥倫比亞大學政治學碩士課程修畢。歷經前首相父親小泉純一郎的秘書一職，二〇〇九年首次當選眾議院議員。曾任自民黨青年局長，二〇一三年九月至一四年十二月擔任復興大臣政務官。

須田善明　一九七二年出生於宮城縣。明治大學經營學部畢業。歷經公司職員，一九九九年首次當選宮城縣議會議員。東日本大震災後二〇一一年十一月起擔任現職宮城縣女川町長。

對話篇三　競爭力高的地方有哪裡不同

樋口美雄／慶應義塾大學教授
增田寬也／日本創成會議主席

是否能制定有效對策

增田：日本人口的社會流動非常特殊。就結果來看，人口一味聚集在東京。近年來受到日圓升值與鄰國的經濟成長等因素影響，地方產業陸續轉移到海外，失業的人為了找工作，紛紛往東京跑。如果地方上的年輕女性人口消失，下一代也就不可能出生，因此我們以年輕女性人口為研究重點。國立社會保障・人口問題研究所（社人研）認為人口流動已接近尾聲，並且開始計算未來人口。然而，我們認為情況若這樣下去，人口流動的問題並不會結束。

樋口：如何阻擋人口的社會移動問題，並且創造地方上充滿魅力的工作機會，就成為當前最重要的課題了。

增田：談到少子化的問題，追根究柢，最大的一點疑問是，為什麼少子化至今仍持續惡化？日本並不像中國一樣實施一胎化政策，在個人的自由選擇之下，終究還是走向少子化的結果。該如何做才能改善這種趨勢？如果不釐清發生原因，就無法有效制定對策。

樋口：的確，我們不能單單只看實際上嬰兒的出生數，日本國民希望擁有的子女人數持續下降，也可說是自由選擇下的結果。然而，以結婚、生育與育兒來說，日本畢竟是個條件嚴苛的社會。社會大環境的問題，肯定是少子化最主要的因素。有許多人討厭生小孩後自由受到束縛，而因為經濟因素而不想生小孩的人也不在少數。許多男性把育兒的工作全交給女性，對母親的負擔實在太大，這也是許多人不想生小孩的原因。

一直以來，選擇的自由相當受到尊重，是否生小孩又是個人的自由，大多數人認為，政府不應對此插手介入。的確，我認為，政府干涉每一個人是否生育實在是一件荒謬的事。但另一方面，也有許多人希望生育，卻受到社會上及經濟上的諸多限制而沒有生小孩。如果是顧慮這些因素，那麼政府應該做的工作，就是鬆綁這些限制了。孩子有一天會去承擔社會的將來，就這層意義上來說，他們會帶來公眾利益，因此國家與地方自治體在兒童教育上，應給與他們更多優厚的協助。

增田：生育是男女之間的私人領域，也攸關基本人權，國家或行政機關雖然不應輕易介入，但在另一方面，必須積極將社會上阻礙生育的障礙物搬開。我們去看社會福利政策就能明白，過去政府與行政機關對政策的拿捏過於搖擺不定。

樋口：政府終究應該尊重個人的選擇自由，今後這一點也不會改變。然而，如果國民有生孩子的意願，就有必要去排除各種無法實現的阻礙。

到目前為止，都道府縣與市町村的層級單位，也實施了一定的少子化對策。儘管國家行動較慢，也開始努力去做。但是，除了幾個成功例子以外，為何無法顯著提升成效呢？

增田：比方說，許多縣提出「我這個縣的生育率要達到一・八％」的數值目標，這是為了維持目前人口規模，自然應該要有這樣的生育率此一想法之下所訂出的目標。不過，這個目標未必一定與政策施行有所連結。

我並非否定地方自治體的努力，但是它還是有一定的侷限。

樋口：不，我倒認為地方自治體為了應對人口減少付出非常多努力，應該要給予肯定。在地方上，主要阻礙結婚與生育的因素，多半是受到經濟方面或工作不穩定等影響。不過，更大的問題在大都市。例如，儘管東京的生育率是全國最低，大家卻感覺不出問題的迫切性。這是因為有許多年輕人口流入東京，所以總覺得應該沒問題吧。

同時，我想在此提出，光靠國家或地方自治體落實少子化對策是無法提升成效的。重要的是，必須改善企業與包括男性員工在內的工作方式，甚至連生活模式都要改變。日本長久以來，只要是為了工作而犧牲家庭生活，都會認為這是無可奈何的事情。無論是工作時數或調職的問題都是如此。有那麼多隻身前往外地工作的人，在世界上實屬罕見。當然，就企業的角度去看，員工就算有這麼多孩子，他們將來也不可能為自己的公司工作，所以，乍看之下毫無任何附加價值。另外，也有不少人認為，在競爭激烈的社會上，就算想追求社會責任，自然也會有所侷限。然而，近來研究開始強調，企業想提高產能，倒不如透過人事制度面去檢討工時過長的問題，讓工作的方式提高彈性，推動Life Work Balance（生活與工作之間取得平衡）。我認為不論男女，若不去改變勞工的工作方式，少子化的趨勢就無法獲得改善。

增田：您說的沒錯。只是，就像有一位「非常瞭解箇中道理」的企業經營者表示：「一旦女性員工有小孩，就會有一段期間無法正常工作。只有一個或兩個小孩，還勉強能過得去。然而，要是有三個小孩，公司經營管理上就會變得非常困難。」其中約有十年左右空窗期，該如何去思考對策？員工有孩子與沒有孩子的工作方式、薪資，以及人事方面是否能完全公平？就所有層面而言，政府推動少子化對策，將成為民主主義的一項考驗。

樋口：實際上確實有各種困難的地方。因此，我們必須不斷去嘗試錯誤，進行新的挑戰。

就業率與生育率的關係

增田：我們開始分析人口減少的問題，至今仍有些地方無法理解。首先是每個都道府縣的生育率，其差異的原因到底為何。最高的是沖繩縣，生育率為一．九四%；最低則是東京都的一．一三%。我們大概能瞭解為何如此：沖繩企業對於有小孩的父母待遇較優厚，然而，在東京養育小孩並非容易的事情。

那麼，北海道與京都府的生育率為何偏低？我們去看整個日本，有西邊高、東邊低的趨勢。比起太平洋這一側，另一側靠日本海的縣在生育率上較高，不過也有縣屬於例外，到底是什麼因素左右著生育率呢？

另外一點是，生育率與女性就業的關係。一般認為，女性就業率愈高的地區，生育率也會愈高。然而，事實真是如此嗎？

樋口：少子化的因素會隨著不同的縣而有相當大的差異。單就世界的情況來看，生育率與女性就業的關係，從近年來能看出有非常大的轉變。我們以各國數據繪製圖表，橫軸為女性就業率，縱軸為生育率。一九八〇年代，女性就業率愈高的國家，生育率就愈低。也就是說，當時女性面臨二選一的問題——到底該選擇工作還是孩子。然而，這種因素的影響逐漸變弱，現今反而呈現相反的現象。女性就業率愈高，生育率也會隨之變高。

增田：也就是所謂的「北歐型」吧。

樋口：是的。反倒是男性在外工作，女性照顧家庭，這種以性別分擔職責愈明確的國家，生育率反而偏低。男女在外皆有工作，在家時共同負起照顧家庭的責任，隨著工作與生活的改革方式，生育率確實偏高。在產業結構大幅變動，社會結構跟著改變之下，人們改變價值觀，大幅重新檢視男女角色的職責分擔。即使在先進國家，也相當不容易看到生育率持續下降的情況。專家指出，除了像這樣每一個人改變生活，再加上政府與地方自治體在經濟上與育兒服務方面提供各項協助，生育率自然就會上升。如此一來，國家的經濟競爭力將會提高，也能永續發展。

剛才增田老師指出，第三胎孩子出生對企業經營造成困難。然而，根據一項調查分析，決定生或不生第三胎，對員工所得也會產生非常大的影響。為使第一胎出生，應確保勞工就業穩定與女性的工作方式。以企業來說，應確保公司內部的風氣與育嬰留職停薪等制度，以及照顧幼兒的相關服務，是否完善並且能發揮作用。第二胎出生時，丈夫應更加參與育兒與做家事等工作。主要原因是，如果第一胎出生後，把所有照顧責任都交給妻子，當然沒有人會再想生第二胎。因此，生育率不是只隨著地區而有所差異，關於第一胎、第二胎、第三胎出生，也會隨著這些協助能否有效發揮作用而有所不同。

增田：少子化對策必須針對各種不同的情況，確實靈活運用各種因應方式。

樋口教授提到，東京並沒有積極地推動少子化工作。然而實際上，東京用了相當多的經費在育兒支援的政策中。在東京，所有費用成本都變高，但儘管花了這些經費，卻依然沒有展現出應有的成效。在地方上，由於許多家庭三代同堂，因此爺爺、奶奶幫忙照顧也是功不可沒。

樋口：東京的情況在於，除了工作時間長以外，通勤時間過於耗時也是一大問題。因此，如果想暫時離開公司，在孩子回家時自己也回到家裡，接著於傍晚再去公司上班，這種做法其實非常困難。不過，有一間地方上的企業就推動了這種做法，並且將它制度化。這間從事與科技相關產業的公司位於兵庫縣姬路市，它以自由上下班制度聞名。員工一早出勤工作，他可以在下午孩子從學校回家的十分鐘前，自己先行回到家裡，大約花一小時準備晚餐與照顧孩子等工作，待結束之後，再回到公司上班。如果上班通勤時間只需要十分鐘左右，就能活用這項制度。這可以讓有孩子的人不必辭職而繼續工作，員工也能發揮所學的專長技能，對整體經濟發展也能有所貢獻。

要如何有效推動少子化對策和育兒支援，與地區有相當大的關係。因此，在日本全國無法找出「這個方法一律有效」的共通做法。

地方的特性與城鄉差距

增田：所謂地方的特性，應該是指它的產業吧。

樋口：一九九〇年代中期開始，東京與地方在招募員工上，出現非常顯著的落差。首先是，在地方上扮演留住地方人才的角色——大規模生產製造的工廠，受到全球化的影響而遷移到海外，地方上的人才於是失去就業機會。甚至受到景氣低迷的影響，製造業產量下滑，改以機械化的方式生產，大幅刪減作業員工。第二是政府為求經濟發展，在地方上以補助金製造大量工作機會，如今這些工作卻已減少。包括公共事業、社會保障給付，以及公務員的名額都已大幅刪減。例如，在我們統計高知縣的資料中，含括衍生效果在內，以補助金製造的工作機會，就佔了將近全體就業者的百分之四十。把這些工作機會取消，地方的就業情形，當然就會變得困難。但是，考量財政的永續性

（Sustainability），這卻是無可避免的事情。近年來，政府創造地方上的就業機會，幾乎只集中在醫療或長期照護的領域。然而，在地方上的市區町村，六十五歲以上的高齡人口開始減少，已超過全體的兩成。今後，就算高齡者的人口比例上升，實際上高齡者人數減少的地區只會不斷增加，所以擴大就業機會，並無法寄託在地方醫療、長期照護的領域上。

第三是服務業。在一般情況下，服務業必須一起在時間與空間上發揮作用。也就是說，它具有如果不親自接近消費者，企業經營就無法成功的特性。如今，第三級產業（服務業）的就業人數，就佔了整體就業人數的七成。它的影響展現在人口稠密的地區，企業運用了人口集中的優勢創造產能。因此，具有魅力的企業幾乎都集中在大都市。

今後，無論製造業或服務業也好，不應依賴外部，必須善用地方的特性，獨力創造就業機會。儘管製造業把大規模生產製造的工廠遷往海外，但是擁有技術能力的工廠，或者有競爭力的工廠，反倒增加了就業機會。在義大利科莫湖（Lago di Como）周邊的紡織產業集中地區，由於受到東歐民主化的影響，紡織工廠紛紛遷移到波蘭。儘管發生這種情況，但是在時尚與設計方面，他們卻展現出唯有自己地區的設計師才辦得到的無可取代性。並且藉此成立新學校，透過培養具有該地區風格的設計師，以防止就業機會減少。技術與競爭能力提升，正是對於今後地方的就業來說非常重要的因素。從這個觀點來看，國家去協助地方的人才培養與創業也非常重要。所以應增加更多獨立自主的非營利機構（NPO）或社會企業，並且重視人才的培養。

增田：若談到地方上的就業場所，就業人數最多的還是第三級產業——服務業。比方說，政府因疏散車流而鋪設一條分流道路，於是就有全國大型連鎖店在道路旁開張，因此產生了就業機會。由於還算方便，顧客開始流向大型店鋪，市中心漸漸變得寂寥。接著，該地區的既有商店於是失去了自我風格。最後，由於全國大型連鎖店嘗試以經濟實惠的價格吸引顧客，在明白無法提升收益之後，便迅速地收手離去，結果導致什麼都沒有留下來。這種模式不停在地方重複上演。最終造成年輕人往外發展，放棄故鄉的未來，只有走向東京。

樋口：我感覺到的是，地方和個人的連結變得薄弱了。雖然不論哪一個國家，人口都會往就業機會多的大都市集中，但是在日本，這種趨勢更強。特別是近年來，人口一味往東京集中的情況更是顯著。人口轉移到就業機會多的城鎮，雖然短期內有助於地方緩和失業問題[23]，對縮小地區之間的所得落差有幫助。然而，就長遠眼光來看，將會引起地方人口過於稀疏，以及導致面臨存亡的嚴重問題。每個人因為自己的經濟因素而選擇工

23 當失業、無收入的人離開地方往外地求職，會讓失業人數下降，帳面上的失業率也隨著降低、人均所得提升。

作，考量以工作方便為優先，於是最後決定了居住的地方。就某種意義來說，這是無可奈何的事情。因此，我們更應該培養支撐地方的人才，做好地方營造的工作。

增田：當許多人選擇大學就讀時，會做出重大選擇，決定離開自己的故鄉；這正是所謂「十八歲的決定」。自己選擇在人生的一段期間，前往東京或不是自己出生的都市學習各種事物，這是一件重要的事情。另一方面，讓許多人做出「二十二歲的決定」，也就是不管在何處學習，既然為了工作，那就回到自己的故鄉的這種選擇，也是相當重要的事情。為此，身為故鄉的地方必須讓人們擁有就業的機會。

樋口：最重要的一點是，在自己的故鄉靠著大家的力量，能夠提供多少人就業機會？就算要靈活運用外部人才，也必須增加想在當地靠著自己力量創造就業機會的人，打造出讓人才可以發揮能力的舞台。我認為這是相當重要的事情。

全球化經濟與地方經濟

增田：雖然當今號稱全球化經濟時代，但並非所有的企業都需要全球化。一些企業為了因應全球化經濟，需設置外部董事，公司規則也必須符合世界標準。此外，還得加速企業的新陳代謝，排除產能較差的地方，同時積極向前發展。然而，這種企業在所有的日本企業當中，最多也不過佔兩成左右，剩下的八成企業是靠著地方經濟的理論運作。這些地方企業不太進行汰舊換新，也不會被其他企業取代，他們重視經營上的維持。不過，這並非一件壞事。就像地方上的交通運輸業或旅館業，如果能夠賺錢當然是再好不過的事情。正因為這些企業獲利，維持經營現狀，對該地方的區域發展來說非常有幫助，實際上已經有許多成功範例。

樋口：這屬於全球化企業與地方企業共存共榮的問題。

增田：在地方主要都市發展全球化事業的企業也存在，石川縣的小松市就是一個好例子。KOMATSU（小松製作所）是一間全球化企業，它的工廠規模相當大，周邊有遼闊的郊區，這裡有相當多地方企業。就整體來看，它是由一個可觀的共構結構體所完成。若去看全球化企業網路就能明白，透過當地的供應商提供各種物品，才能構成如此完整的區域。

樋口：把總公司設在東京的全球化企業佔絕對多數，過去都是由大阪遷移到東京。在國外，也有大企業把總公司設置在地方上的都市。日本的情況是，由於營利事業所得稅在全國任何地方一律相同，所以不管公司位在何處，稅制與政府之間的關係都不變，總公司如要發揮功能，設置在其他區域的誘因就變得非常薄弱。如果再提到國外的稅金較低，恐怕還會有更多企業把總公司遷移到國外。因此，這可以說是企業跨越了國家大門，選擇了日本以外的政府。只是，我們觀察其他國家就能發現，每一個地方自治體都已規定好稅率。所以我認為，譬如把東京與其他地區的營利事業所得稅定出差異，這也是一項可行的辦法。

增田：美國就是採取這種做法，每一州的稅率完全不一樣。於是有些州還會使用預算來拉攏其他州，在電視上打出「你在這個州的工廠稅，只要到我們的州來，就會變得更便宜」的負面宣傳廣告。

雖然有人說美國沒有產業政策，但是在州的層級裡卻有相當強的產業政策，所以每一州的競爭其實非常激烈。我認為，日本每一個地方自治體，若能互相爭奪有實力的企業總公司，倒也是一件好事。把稅金、補助金，以及勞動力的品質當成是招牌賣點。

靈活運用地區特性的六個模式

樋口：競爭力的起點，在於地方是否有人才。培養人才並非全國一律制式化，而是培養出多元化的人才。

增田：我擔任岩手縣知事[24]的時候，曾經讓縣內的豐田汽車，在組裝工廠的生產數量上大大增加。為何能辦得到？這是因為岩手縣在工業高中開設了汽車專攻科，徹底打造一套制度，把優秀的人才送到豐田汽車裡。以三年的工業高中課程，再加上兩年，先行教導學生組裝汽車應具備的所有知識技能。在教學課程中，也會邀請豐田汽車的人前來，花時間與學生一同思考。以下或許有些措詞容易招來誤解，但工業高中比起一般高中的普通科，通常許多入學的學生成績都不太好。但是，一想到將來的工作地點是與豐田汽車相關的公司，不僅本人，連父母親都會非常放心，就好比成績優秀的人才入學一樣。目前，岩手縣僅次於愛知縣、福岡縣，是豐田汽車的第三大生產據點。

樋口：您舉的是製造業的一個優良範例。論及靈活運用地方上特色的服務，飯店業經常被拿來討論。提到飯店的優質服務，就會想到無論在哪裡，都能提供相同服務品質的帝國飯店。然而，帝國飯店還有一個無法抗衡的項目。它並非是指不管到哪裡，都能享用

24 相當於台灣的縣長。

得到的山珍海味，而是指能夠提供體驗地方特色的服務。比方說，讓觀光客在山上體驗唯有那座山才能採得到的特有蔬菜。正因為透過地方特色服務，可使觀光客成為回流客，下次還想再度光臨。

增田：那麼，服務人員就不用標準語說「歡迎光臨」，而是改以地方上的方言來問候了（笑）。

樋口：正如您所說的一樣（笑）。由於在本書第六章將致力於開發產業・就業的地區分成六種模式，接下來我將根據它的內容進行說明。

首先是靈活運用地方的特色資源，進而實現產業化的模組「產業開發型」。以飯店業、觀光業來舉例，有北海道的新雪谷町。過去這裡的特色只有冬季滑雪，但由於從澳洲到千歲的直航班機開通，現在已搖身變為一年四季都能前往的渡假勝地。外國人來到這裡，如果服務人員無法說該國語言，就無法提供任何服務，於是開始對飯店從業人員進行教育訓練。之後，澳洲到千歲的直航班機雖然取消，客源仍以中國、台灣來的觀光客為主，由於培養人才已有一套完整方法，因此能夠提供不同語言的服務。

增田：以產業開發型而言，秋田縣的大潟村可說是第一名吧。大潟村人口雖然僅有三千兩百人，但是年輕女性人口變化率為增加十五・二%，全國排名第二。我認為大潟村的農業能以有限公司型態，以微乎其微的成功機率，向全國展現如此傲人的成績，實在相當優秀。大潟村以農業為重心，發展出適合女性的多元化職種。並以此為基礎，向上提升經營品質，打造各式各樣的就業機會。歷經多年，大潟村對抗國家實施稻米計畫性生產[25]與食糧管理制度的努力，終於在開村進入五十周年的此刻開花結果。

樋口：所以這可以說明，培植地方產業並非一蹴可幾呢。

增田：就連世界知名的眼鏡鏡框產地福井縣鯖江市，以及北海道新雪谷町都仍有年輕女性人口減少的趨勢，然而即使如此，這些地方與其他四周比較下，仍然是出類拔萃，他們毫無疑問地掌握了地方再生的契機。

樋口：接著來看「公共財主導型模式」與過去的公共事業有哪些差異。過去，公共事業以建造多功能建築物為目的。但除此以外，在竣工後，該如何靈活運用？為促進地方發展，該如何善用它？若這些做得好，才稱得上是良好範例。只不過，就算地方上成立大學，如果沒有就業場所，最終人才還是會溜走。倘若大學教育沒有與當地的人才培養緊密結合，就無法成為地方上的力量。因此，為了形成產業群聚，必須有一套發展的方法。

增田：美國史丹佛大學就是一個典型範例。

25 一九七〇年代起日本政府為了防止稻米生產過剩、減少庫存級價格崩盤，實施一系列抑制產量的政策，包括耕作面積、改種其他作物等。此政策於二〇一八年終止。

樋口：我也曾待過史丹佛大學。矽谷從無到有，以史丹佛大學與該校畢業生為中心，打造出舉世聞名的高科技園區。這與「學園都市型」模組有共通之處——大學並非封閉的，重要的是大學與地方共同合作，為該地區的產業與居民，致力發展並做出貢獻。

增田：在日本還沒有如此成功的範例呢。而且，由大學發起的新創事業件數也減少了，所以大家必須再次開創新創事業的發展景氣。

石川縣川北町屬於「招攬產業型」，年輕女性人口變化率位居全國第一名。然而，我們必須先思考一個問題：即使產業招商，或者規模大的國家專案，都有可能因為企業的經營與成就，或時代趨勢而大受影響。二〇〇四年，位於三重縣龜山市的夏普液晶電視的大型工廠（第一工廠）落成。以「世界的龜山」受到各界的高度讚賞，並且得到一百三十五億日圓的巨額補助金，儘管大家認為能以如此便宜的補助金創造更多利益，然而隨著夏普的凋零，卻只經營五年就陷入了歇業的困境。

樋口：招商時具有競爭力，在招商結束後能夠持續多久？是否能夠再往上提升？這一切當然得視該全球化企業本身是否能夠持續成長蛻變而定。然而，還有一點是，若只是單一企業，就沒有理由非得選擇特定地點來成立公司不可。如果最終不打造產業群聚，就無法與地方的再生產生任何連結。

增田：就不同意義來看，令人感興趣的就是「衛星都市型」了。它能讓地方主要都市的周邊地區產生價值，發展成近郊住宅區。例如，群馬縣的吉岡町四周環繞著高崎市、前橋市、涉川市，它正是一個衛星都市的範例。

樋口：我們去看年輕女性變化率前二十名的都市（請參見本書第六章），衛星都市型非常多。石川縣川北町不僅是招攬產業型，它也包含了衛星都市型的特性。然而，以長遠眼光去看，衛星都市型會因為據點都市的狀況而受到影響。

增田：確實是如此。所以不光是自己地區的行政單位努力，還必須加強和周邊區域的橫向攜手合作。

樋口：該如何打出衛星都市的特色也非常重要。我去法國參觀時，巴黎周邊的都市就提出「這裡是最適合育兒的土地」作為賣點，這正是吸引大家成為居民的做法。這裡設定的居住者為雙薪家庭，從托兒所到幼教的一切相關服務，制定了一套完整辦法。從外部聘請專家，做好規畫並且實施運作，甚至獲得縣、國家，以及歐盟的補助金。這項計畫發揮作用，擔起重要職責，包括市長、職員，以及市民們都一起提供協助，大家凝聚成為一體，共同打造都市，成為一個最適合育兒的地方。我認為，如果沒有這項「賣點」，這個都市可能無法永續發展吧。

增田：在芬蘭也有所謂的「neuvola」[26]一站式服務的諮商據點。來到這裡，專家會傾聽求助者對育兒相關的所有疑難雜症，提供介紹律師在法律上協助，並且介紹托兒所，我由衷希望日本也能夠推行這樣的制度。

樋口：最後是小巧城市型。高松市丸龜町與宮城縣女川町分別屬於不同的地方都市類型吧。

增田：它們的共通點是集約化與多功能化。女川町的須田善明町長，合理地區隔開不同地區的功能：「工作的地方適合在石卷地區，如需睡眠休息時，再回到女川町即可。」他並且表示：「除了工作場所以外，生活上所需的事物，全部都會整合集中、準備俱全。」我們必須向女川町學習的是，為使大家一致達成打造小巧都市的共識，町公所一共舉辦了一百五十場的說明會，這種努力實在不可或缺。

樋口：丸龜町會運用定期借地權制度，再次去開發商店街。這項工作也必須要堅定不懈的說服能力吧。畢竟即使商店街已成為沒在營業、一整排都拉下鐵門的街道，對土地所有人而言也是重要的資產。

增田：因此，丸龜町才會將所有權與使用權，以具體的方式來區隔。此外，還必須有一位領導者，描繪偉大遠景，細心地帶領大家形成具體共識。我們需要如此綜合能力強大

26 芬蘭文原意為「提供建議的地方」。

的領導者，擁有豐富的想像力，以及堅定不懈的演說能力。

樋口：我們去觀察任何一個國家或地區就能明白，如果有一位強而有力的領導者，便能左右該國家或地區的命運。有一些領導者是從自己居住的地區脫穎而出，也有一些領導者由外地而來，他累積經驗實力因而獲得信任。領導者並非單靠自己唱獨角戲，必須與當地的人們並肩合作，讓他們積極參與並實行計畫，這是非常辛苦的工作。

增田：這一切並非只需要時間就好，就某種意義而言，必須徹底做好心理準備。領導者要把城鎮帶往哪個方向，決定運用哪一種人才，首先必須要徹底瞭解自己所在之處，認清地方的資產與特性。

樋口：儘管有些做法在某些地區能夠獲得成功，但若輕易在自己的地區實行，卻未必能夠順利推展。

增田：日本政府提出五十年後維持總人口一億人的目標。然而，重點並非在於人口減少後，人口總數到底剩一億人還是八千萬人。我們應去重視兩大問題：第一是年輕人口急遽減少的問題，屆時社會只剩高齡者，造成年齡層比例失衡。第二是地方消滅的問題，未來只剩下東京以極點社會存在，國土結構失衡導致崩潰瓦解。

我認為，日本產業能維持多元化，其中非常大的一項原因，在於它靠著豐富多變的地方社會支撐著。確保多元化的發展均衡，對國家來說是一項重要的工作。

樋口美雄　一九五二年出生於栃木縣，慶應義塾大學商學部畢業，慶應義塾大學商學院研究科博士課程修畢，商學博士。一九九一年起擔任現職慶應義塾大學教授。曾任美國哥倫比亞大學、史丹佛大學等客座研究員。著有：《雇用與失業的經濟學》（暫譯）、《地方的雇用策略——向七個國家學習經驗「地方的奮鬥」》（暫譯，與 Sylvain Giguère 共同編著）等書籍。

結語——日本的選擇、我們的選擇

二〇一四年五月，我們公布了「八九六個可能消滅的地方」清單，在各地引發廣大回響。不曉得大家對於使用「消滅」兩字如何看待？我希望大家盡可能保持冷靜來接受這項事實。或許，對於住在地方偏鄉的人來說，人口減少的事實正在發生，所以與大家實際上的感受一致。人口減少的問題或許已經發展到非常嚴重的地步了。

在公布這份資料後，我們收到各方諸多意見。在此針對幾項具有代表性的問題，提出我個人的一些淺見。

首先是關於道州制與市町村合併的行政機關組織改革事宜。有人提出看法，為了矯正人口完全集中在東京的情況，國家的行政機關組織必須進行改革。比方說，國家應導入道州制，從中央集權型轉變為地方分權型。

我對這項建議表示反對。當然，它並非永遠都沒有討論的空間，只是問題在於「時間軸」。光是這項行政機關組織改革，就必須讓全民徹底討論，想必一定會耗費許多時間與政治預算吧。如此一來，除了無法阻止這段期間的少子化問題，人口減少的情況也將持續惡化，我們必須避免這種情形發生。因此，我們應該把行政機關組織改革與人口遽減對策這兩個問題分開來看待。

重要的是，東京與每個地區是否能確實攜手，一起解決人口減少的問題。在本書正文的部分已提到，東京將面臨超高齡社會。此刻，在東京都準備接受長期照護的老人就達到四萬三千人，我們預測今後的人數會再向上攀升。若只靠東京，這項問題將難以解決。每個人如何選擇居住地，一切都是個人自由。雖然無法強制大家搬遷，但是東京應與地方攜手合作，必須俯瞰整個日本國土、做好環境整備，提供每一位國民選擇的權利，使每個地區最終都能呈現最適當的人口分布結果。

第二項的意見是，對於我們主張「選擇與集中」資源放在主要據點都市，與過去的公共事業無異，難道不該重新整備主要的社福設施？

大家應該都明白，公共投資的經費刪減，主要是依據日本目前的財政狀況，因此無法像過去一樣增加經費。這裡出現「選擇與集中」一詞，並不是指把有限的財政平均分配給全國的市區町村，而是用在發掘地區裡具有前景的產業，找出提供就業機會的企業，開拓出能夠匯集年輕人的工作場所。不過，能夠開發哪一種產業、創造出哪一種就業機會，也必須依據每個地區的地理位置、有何資源、是否有資產而有所不同。運用多元的資訊與大數據，在客觀並且冷靜的分析之下，每一個地區去決定自己的未來。特別是在人口減少的社會中，對於人才的投資將變得愈來愈重要

另外，為了生活所需，應維持必要的公共服務系統。接下來，許多公共設施、道路

與橋樑即將面臨重建或修繕，到底所有的設施能不能控制在財政預算內？需不需要考量今後的人口動態？這些都得逐一檢視。設施集約化與多功能化是必然的做法，再加上地方自治體之間的合作，彼此去分擔圖書館與公民館等不同設施的管理，一起落實「共同化」的做法，這一切都缺一不可。

第三項的意見是，「選擇與集中」是否指拋棄丘陵山坡地[27]與離島地區呢？倒不如說正好相反。我們必須瞭解一點，山坡地與離島的年輕人口不外流是最理想的情況，但是到目前為止，地方上實施的政策並無法阻止年輕人口外流。重點在於，如果能推動有效政策，即使年輕人外流，也能防止他們去東京地區，而能夠停留在地方的範圍裡。

第二次世界大戰過後，隨著國民所得提高，日本全國的都市發展迅速，與地方上的地緣與連結關係就愈來愈薄弱。像三代同堂這種家庭的型態也日趨減少，而核心家庭（小家庭）愈來愈多。現今，甚至連「核心」都稱不上——由年輕人、高齡者這兩種族群所構成的獨居家庭數量急速增加。面對生育、育兒、照護這些課題，我們必須擴展公共福利政策，連結這些遠離社會的家庭，再次建構能夠彼此互相扶持的完整制度。

27 指從平原的外緣到高山的中間區域，佔日本國土面積七十四%。其功能為：生產農作物、確保農地與涵養水源等。

因此，就算無法住在「一碗熱湯還沒冷卻就能抵達的距離」內，至少也必須把年輕人留在開車一小時內就能抵達父母親家裡的距離。這樣年輕人就能夠選擇在日常生活中，與故鄉保持密切往來，一旦育兒期間或父母親需要照護時，能夠立刻回到自己老家。為此，我們才要求整備具有「水庫功能」的據點都市，防止地方人口外流。

今後，我也希望東京致力解決相關問題。儘管我多次提到，人口減少實際上主要發生在地方上，然而它卻與東京的做法有著密不可分的關係。例如，為什麼多數企業的總公司集中在地價、物價與人事成本都高的東京呢？我們甚至無法瞭解詳細原因。儘管有人提出看法，表示都市具有群聚效應，然而，在紐約曼哈頓，除了金融業以外，沒有什麼大企業的總公司，它們幾乎都設在各個地方都市。所以首先應先累積正確的數據與事實，再探討它的形成原因。

最後，本書得以完成，我想借此特別感謝日本創成會議・人口問題檢討分科會的所有成員，以及諸多先進的參與策畫與指導。

今後，人口減少社會肯定將會來到。因此，我們一定要防止將來「人口遽減的社會」——「極點社會」的發生。根據這次所提出的實際問題，國家當局、行政機關、全民應一同深度探討，停止無益的悲觀，一起拿出智慧，找出解決之道。未來一定能夠改變，要選擇什麼未來，一切操在我們手上。

二〇一四年七月
增田寛也

參考文獻

- 小池司朗〈關於出生行為對人口移動的影響〉（出生行動に対する人口移動の影響について），《人口問題研究》六二—四，國立社會保障・人口問題研究所（二〇〇六）
- 國土交通省・國土審議會政策部會長期展望委員會「《國土的展期展望》中途整理資料」（「国土の長期展望」中間とりまとめ）（二〇一一年）
- 國立社會保障・人口問題研究所「日本的將來人口預測（二〇一二年一月預測）」（二〇一二年）
- 國立社會保障・人口問題研究所「日本各地區人口的未來預測（二〇一三年三月預測）」（日本の将来人口推計）（二〇一三年）
- 齊藤英和、白河桃子《「生育」與「工作」的教科書》（「産む」と「働く」の教科書）講談社（二〇一四年）
- 鯖江市產業環境部商工政策課「鯖江 MEGANE FACTORY」網站（二〇一四年七月瀏覽）
- 橘木俊詔、浦川邦夫《日本地區之間的差距：從人口完全集中東京到八岳方法》（日本の地域間格差：東京一極集中型から八ヶ岳方式へ）日本評論社（二〇一二年）
- 田中角榮《日本列島改造論》日刊工業新聞社（一九七二年）
- 東大社研・玄田有史編《希望學 在明日的彼端：希望的福井、福井的希望》（希望学 あしたの向こうに——希望の福井、福井の希望）東京大學出版會（二〇一三年）

- 內閣官房「田園都市國家的構想：田園都市構想研究小組」（田園都市国家の構想——田園都市構想研究グループ）大平總理的政策研究會報告書二（一九八〇年）
- 樋田敦子〈現場報告 走在消失的都市・生存的都市 以優厚的育兒支援，讓年輕夫妻報到！〉（ルポ 消える町・生き残る町を歩く 手厚い子育て支援で、若い夫婦がやってきた！）《中央公論》二〇一四年七月號
- 松谷明彥編著《人口流動的地方再造學》（人口流動の地方再生学）日本經濟新聞出版社（二〇〇九年）
- 藻谷浩介《實測！日本的地域力》（実測！ニッポンの地域力）日本經濟新聞出版社（二〇〇七年）
- 藻谷浩介《通貨緊縮的真面目：經濟隨著「人口波浪」而變化》（デフレの正体——経済は「人口の波」で動く）角川 one theme 21（二〇一〇年）
- 藻谷浩介、NHK 廣島採訪小組《里山資本主義：不做資本主義的奴隸，做里山的主人》角川 one theme 21（二〇一三年）台灣翻譯本：天下雜誌，二〇一六
- 吉田良生、廣嶋清志《人口減少時代的地域政策》（人口減少時代の地域政策）原書房（二〇一一年）
- 〈在人口減少社會裡生活。追求地方永續、「不減少」之村、所得安定、年輕人定居〉（人口減少社會を生きる。地域持続に向けて「減らない」村 所得安定、若者が定着）秋田魁新報，二〇一四年六月二日早報全版報導

卷末導讀
地方消滅論掀起的震盪與餘波

張正衡　台灣大學人類學系專任助理教授

《地方消滅》這本書的日文原作是在二〇一四年的夏天由中央公論新社出版的，甫一推出就引起話題。當我在該年年底過境日本時，《地方消滅》已經賣出超過十一萬冊。就連成田機場中的幾家書店，都在店頭平台堆滿了這本暢銷書。從一旁張貼的媒體報導，可以了解到此書受到矚目的程度。到底為什麼這本內容嚴肅的書，能夠引起日本人的興趣與普遍關注呢？

本書的主要內容源於「日本創成會議」底下的「人口減少問題檢討分科會」在同年的五月所提出、題為「停止少子化、地方元氣戰略」的報告書。本書的編著者增田寬也是會議的主席，因此這份報告也常被簡稱為增田報告書。「日本創成會議」是由日本政府的重要智庫「日本生產性本部」在東日本大震災之後所成立，廣邀各界代表共同思索日本未來發展策略的一個長期論壇。至於增田寬也，不僅歷任岩手縣知事與總務大臣等重要政治職位，也曾擔任野村總合研究所的顧問，並在大學擔任客座教授，在產官學界的經歷相當豐富。換句話說，本書與日本政府之間存在著間接但千絲萬縷的關係。《地方消滅》一書從其前身的增田報告書開始，經歷在中央公論雜誌上的連載，到出版成書之後的行銷手法，一直都充滿了話題性與聳動性。書末的附錄中，明白地根據特定人口數據（二十至三十九歲女性之人口減少率）條列出將近九百個可能消滅的日本鄉鎮市。可以想見有許多見到此書的讀者，將會立刻取書查閱自己的故鄉或居住地的命運，而心中也可能充滿著這些記憶所繫之處行將消失的焦慮。也因此，本書的主要論點（簡稱地方消滅論）不僅震動了日本的輿論界，也在學術界引發了大量的討論。

地方消滅論最主要受到抨擊之處，在於所謂「選擇與集中」的論點，也就是主張要以日本各區域的主要都市（地方中核都市，人口數在二十萬人以上的區域中心據點）作為未來地域發展的建設重點，將資源集中於此以形成區域生活的「水庫（ダム）」，並以此據點留下那些即將向東京流動的地方人口。這樣的主張幾乎是在間接主張要放棄未來對於特定鄉村地帶或小型聚落的發展和公共投資，同時也必然改變現有的鄉村聚落分佈與人地關係。這種看法雖與學界中的「農村撤退論」看法相近（例如林直樹、齋藤晉編著之《撤退の農村計画》），但相較之下更是徹底地忽視了鄉村生活的價值與可能性，因而引發了更多的爭論。其中反對最力的，或許就數明治大學的農業學者小田切德美以及首都大學的地域社會學者山下祐介了。這兩位學者在本書出版後半年，不約而同地各自出版了一本新書作為回應。

長期研究日本山區聚落與返鄉務農現象的小田切德美在他的《農山村不會消滅》（農山村は消滅しない）中，主張鄉村具有不同於都市的發展道路，因此不必然會在人口減少的趨勢中受到致命衝擊。他指出，目前在日本漸成風潮、離開都市進入鄉村生活的選擇，已經成為一個跨世代的現象，而農村撤退論忽略了這之中蘊含的可能性。反對增田報告書中隱含的都會中心觀點，小田切認為鄉村的人口結構和社會組織形式都與都市大不相同。舉例而言，在一個人口數一千人左右的山區聚落中，只要每年能有四家年輕夫婦願意移居此處並生養後代，那就將會大幅改善該聚落的人口年齡結構，避免地方消滅的狀況。農村的經濟型態也與都市不同，所以小田切提出「生業（ナリワイ）」的概念，指出農村人口未必只能依靠類似公司行號所提供的單一且長期穩定的工作機會才能維持生存。鄉村生活中存在著多樣的短期工作、食物來源與生活資源，因此「半農半X」、「多業化」或是台灣流行的「斜槓」等做法，都是在鄉村謀生的可能形式。

同樣關注「選擇與集中」議題、反對地方消滅論的山下祐介，則是在類似的基調之上提出更為具體的批判。山下認為地方消滅論者的論述依據和解決方案，往往忽略了許多當代重要的社會脈絡，也不願調整國家整體的發展路線，而只是專注於維持日本戰後所建立的世界經濟大國之地位，只是重蹈過去國家主義式發展方案的覆轍。舉例而言，經常被用來說明日本人口問題的社會學術語「限界集落」，原本是被創造出來喚起社會對於這些高齡少子化聚落的重視，但最後反倒被用以主張這些聚落的消滅無可避免，因而必須接受這樣的結果。又如同增田報告書判斷鄉鎮是否消滅的依據，乃是根據適合生育女性（二十至三十九歲）人口數的單一指標而為之，因年輕女性人口過少即無法組成能夠生養後代的家庭。但是，山下認為在現今的社會環境下，家庭的概念與組成、運作的方式可以變得非常多樣而流動，因此家庭成員並不一定需要居住在同一個區域，而可以跨地域分佈但仍保持良好的家庭關係。因此要解決鄉村山區聚落的人口與社會問題，並非沒有其他可能性，不該只是訴諸地方中核都市這樣以維持都市生活為唯一考量的做法。例如，山下就提出了增加第二個居住地的「雙重戶籍（二重住民票）」制度，讓行政制度能夠更加直接反映構成當代家庭與社區的多種可能樣貌。

不過，另一位社會學家金子勇則在二〇一六年出版的專書《地方創生與消滅的社會學》（地方創生と消滅の社会学）中提到，像小田切與山下這樣的反駁，在公共輿論領域還是難以和地方消滅論已取得的巨大成功相抗衡。原因在於他們的論述與經驗證據基礎都還相當仰賴特定的個別案例，而地方消滅論不僅掌握了全國規模的人口趨勢與社會問題，其論述框架也有吸納兩人方案的空間。因此，在參考了以上論點之後，金子主張應該要就現今的社會經濟與技術發展現況，對於日本的社區和地方社會結構進行全新的分析，才能在認知人口結構現狀的同時，又充分理解各地方文化與產業的特殊性。同時，熟稔北海道社會狀況的金子也以《地方消滅》一書中針對北海道的篇章為例，仔細探討其盲點與誤解之處，進而討論一種小心仔細而尊重在地的地方營造之可能性。

總結來說，《地方消滅》用一種有點過度加油添醋、甚至近乎恐嚇的語調與行銷手法，成功地引起了日本全國民眾的危機感，提高他們對於高齡少子化、限界集落或地方經濟等問題的關注，也為後續日本安倍內閣所推動的地方創生政策鋪平了道路，並成為該政策施行時的主要推進器。歷任的地方創生大臣在赴各鄉鎮演講推廣創生理念時，總是必然從地方消滅論中所描繪的人口趨勢與未來日本的圖像開始談起，就我的個人經驗而言，其成效可謂十分卓越。而日本地方創生政策的具體實踐過程中，也不斷吸納這些由地方消滅論所引發的公共與學術討論成果而獲得進化的可能。至於地方消滅論的昌盛對於日本社會到底該說是好事或壞事，或許還得要再持續觀察地方創生的發展與成果，才能作出進一步的論斷了。

附錄　日本全國未來人口推算表（市區町村別）

1. 此表格依照都道府縣，將二〇一〇年至二〇四〇年間年輕女性（二十～三九歲）人口的減少率由高至低排列。
2. 推算結果中，年輕女性人口的減少率超過五成以上的八九六個自治體即為「可能消滅的地方」。
3. 更進一步，二〇四〇年時推算人口不超過一萬人的五二三個自治體為消滅可能性更高的地區，以灰底表示。
4. 本推算表格以國立社會保障　人口問題研究所（社人研）於二〇一三年的推算為基礎。東京特別區與十二個政令指定都市（札幌市、仙台市、千葉市、橫濱市、川崎市、名古屋市、京都市、大阪市、神戶市、廣島市、北九州市、福岡市）以市所轄之「區」為單位進行推算；二〇〇三年起升格的八個政令指定都市（埼玉市、相模原市、新潟市、靜岡市、濱松市、堺市、岡山市、熊本市）則以「市」為單位進行推算。
5. 福島縣因二〇一一年三月遭受東日本大震災及福島第一核電廠事故影響，市町村的人口動向與未來的變化難以預估，因此社人研並未進行福島縣內以市町村為單位的人口推算。因此本推算表也未推算福島縣內市町村之個別人口，而只推算以「縣」為單位之人口。
6. 因人口推算的數字包含小數點以下，個別「年輕女性人口變化率」的數值亦有可能不同。
7. 人口的單位均為「人」。

	若年女性人口変化率	2040年若年女性人口	2040年総人口	2010年若年女性人口	2010年総人口
北海道					
奥尻町	-86.7%	27	1,064	202	3,033
木古内町	-86.5%	45	2,057	331	5,341
夕張市	-84.6%	100	3,104	653	10,922
歌志内市	-84.5%	48	1,271	311	4,387
松前町	-84.4%	93	3,162	597	8,748
福島町	-84.4%	53	1,660	340	5,114
妹背牛町	-82.1%	40	1,400	226	3,462
南幌町	-80.9%	151	4,551	793	8,778
豊富町	-79.0%	78	2,127	371	4,378
三笠市	-79.0%	141	3,196	669	10,221
奈井江町	-78.6%	102	2,810	478	6,194
上砂川町	-78.2%	62	1,291	285	4,086
上ノ国町	-77.7%	97	1,988	434	5,428
芦別市	-76.9%	285	6,259	1,235	16,628
白糠町	-76.5%	184	3,799	783	9,294
江差町	-76.4%	203	3,835	863	9,004
当別町	-76.3%	413	10,287	1,744	18,766
津別町	-76.3%	86	2,515	364	5,646
様似町	-76.2%	103	2,314	435	5,114
壮瞥町	-76.2%	64	1,486	269	3,232
せたな町	-75.8%	176	3,922	724	9,590
羅臼町	-74.9%	147	2,756	586	5,885
小平町	-74.6%	81	1,630	321	3,717
中頓別町	-74.2%	38	764	147	1,974
羽幌町	-74.1%	158	3,704	610	7,964
洞爺湖町	-73.8%	235	4,683	898	10,132
月形町	-73.3%	77	2,860	287	4,859
共和町	-73.1%	156	3,749	581	6,428
苫前町	-73.0%	79	1,401	294	3,656

	若年女性人口変化率	2040年若年女性人口	2040年総人口	2010年若年女性人口	2010年総人口
陸別町	-72.8%	52	1,097	193	2,650
滝上町	-72.4%	61	1,245	221	3,028
音威子府村	-72.3%	15	331	53	995
美唄市	-72.1%	608	11,536	2,181	26,034
由仁町	-72.0%	132	2,926	469	5,896
沼田町	-71.9%	82	1,618	293	3,612
雨竜町	-71.8%	63	1,585	225	3,049
岩内町	-71.6%	383	6,734	1,348	14,451
積丹町	-71.6%	43	954	151	2,516
平取町	-71.4%	150	2,677	525	5,596
乙部町	-70.6%	105	2,036	358	4,408
豊頃町	-70.5%	79	1,490	269	3,394
釧路町	-70.4%	703	11,941	2,373	20,526
中川町	-70.3%	36	787	122	1,907
利尻富士町	-70.3%	84	1,243	281	3,037
遠別町	-70.0%	65	1,396	218	3,084
天塩町	-69.8%	100	1,719	332	3,780
秩父別町	-69.6%	59	1,285	195	2,730
古平町	-69.6%	93	1,515	304	3,611
喜茂別町	-69.5%	71	1,164	233	2,490
赤平市	-69.4%	287	4,444	940	12,637
神恵内村	-69.2%	25	525	82	1,122
留萌市	-69.2%	754	11,447	2,449	24,457
蘭越町	-69.2%	123	2,517	399	5,292
愛別町	-69.1%	85	1,416	275	3,328
深川市	-69.0%	614	11,877	1,979	23,709
浦臼町	-68.8%	51	1,038	164	2,206
むかわ町	-68.5%	250	4,740	794	9,746
和寒町	-68.1%	91	1,716	285	3,832
比布町	-67.8%	105	2,090	328	4,042
上士幌町	-67.6%	153	2,795	471	5,080

	若年女性人口変化率	2040年若年女性人口	2040年総人口	2010年若年女性人口	2010年総人口
黒松内町	-67.5%	95	1,870	293	3,250
厚沢部町	-67.4%	113	2,127	347	4,409
島牧村	-66.8%	45	794	134	1,781
下川町	-66.6%	104	1,823	312	3,775
美深町	-66.4%	149	2,810	443	5,178
紋別市	-66.4%	865	12,197	2,572	24,750
浦河町	-66.3%	516	7,248	1,530	14,389
小樽市	-66.0%	4,404	66,696	12,937	131,928
標津町	-65.8%	202	3,038	592	5,646
士幌町	-65.8%	218	3,927	636	6,416
余市町	-65.7%	667	11,456	1,942	21,258
訓子府町	-65.6%	160	2,693	466	5,435
礼文町	-65.5%	93	1,263	270	3,078
浦幌町	-65.5%	137	2,355	398	5,460
初山別村	-65.3%	37	601	107	1,369
池田町	-65.2%	198	3,890	569	7,527
日高町	-64.9%	455	7,116	1,295	13,615
大空町	-64.9%	244	4,677	694	7,933
当麻町	-64.7%	194	4,019	549	7,087
新得町	-64.6%	211	3,760	595	6,653
白老町	-63.7%	555	9,855	1,528	19,376
士別市	-63.6%	680	11,458	1,867	21,787
清里町	-63.5%	143	2,167	393	4,551
真狩村	-63.5%	71	1,173	195	2,189
札幌市南区	-63.3%	5,821	99,405	15,861	146,341
幌延町	-63.1%	97	1,408	264	2,677
剣淵町	-63.0%	113	1,849	304	3,565
広尾町	-62.0%	248	4,528	652	7,881
北竜町	-62.0%	59	1,089	155	2,193
幌加内町	-61.9%	51	687	134	1,710
上川町	-61.8%	141	1,853	370	4,532
置戸町	-61.8%	104	1,606	271	3,428
新篠津村	-61.6%	123	2,047	320	3,515
浜中町	-61.5%	247	3,656	641	6,511
増毛町	-60.9%	163	2,293	416	5,078
小清水町	-60.8%	183	2,993	467	5,358
知内町	-60.7%	170	2,800	433	5,074
函館市	-60.6%	12,115	161,469	30,746	279,127
利尻町	-60.3%	81	958	205	2,590
厚岸町	-60.2%	428	5,610	1,075	10,630
美瑛町	-60.1%	390	6,282	979	10,956
美幌町	-60.0%	823	12,794	2,061	21,575
滝川市	-60.0%	1,828	25,795	4,575	43,170
森町	-59.9%	714	9,551	1,781	17,859
寿都町	-59.7%	121	1,685	301	3,443
湧別町	-59.5%	387	5,643	956	10,041
釧路市	-59.5%	8,159	106,085	20,168	181,169
本別町	-59.3%	249	4,099	612	8,275
新冠町	-59.0%	239	3,555	583	5,775
南富良野町	-59.0%	119	1,476	289	2,814
栗山町	-58.9%	510	7,259	1,240	13,340
新ひだか町	-58.6%	1,054	14,092	2,547	25,419
厚真町	-58.6%	162	2,799	391	4,890
根室市	-58.2%	1,225	15,714	2,930	29,201
新十津川町	-58.0%	257	4,106	611	7,249

	若年女性人口変化率	2040年若年女性人口	2040年総人口	2010年若年女性人口	2010年総人口
弟子屈町	-57.6%	291	4,175	685	8,278
浜頓別町	-57.4%	189	2,270	444	4,168
長沼町	-56.4%	475	7,581	1,089	11,691
北見市	-56.2%	6,025	85,985	13,766	125,689
仁木町	-56.1%	173	2,300	394	3,800
西興部村	-55.9%	51	726	116	1,135
足寄町	-55.7%	265	3,895	597	7,630
八雲町	-55.1%	871	10,964	1,939	18,896
えりも町	-55.0%	237	3,070	527	5,413
雄武町	-54.9%	236	2,484	524	4,939
岩見沢市	-54.8%	4,298	57,166	9,504	90,145
遠軽町	-54.5%	933	12,855	2,052	22,265
標茶町	-54.3%	329	4,557	719	8,285
北広島市	-53.9%	3,080	44,795	6,685	60,353
泊村	-53.4%	69	1,113	149	1,883
旭川市	-53.0%	18,754	241,526	39,889	347,095
枝幸町	-52.9%	430	5,049	913	9,125
稚内市	-52.9%	2,001	23,623	4,244	39,595
鹿追町	-52.8%	283	3,892	599	5,702
江別市	-52.8%	6,539	92,980	13,848	123,722
札幌市厚別区	-52.7%	7,486	103,678	15,842	128,492
興部町	-52.3%	217	2,388	455	4,301
大樹町	-52.3%	274	3,575	574	5,977
倶知安町	-52.2%	934	10,319	1,955	15,568
豊浦町	-52.0%	197	2,333	410	4,528
佐呂間町	-51.8%	275	3,274	570	5,892
網走市	-51.2%	2,184	29,044	4,477	40,998
富良野市	-51.1%	1,278	16,659	2,614	24,259
七飯町	-51.1%	1,398	21,541	2,859	28,463
砂川市	-50.7%	908	11,572	1,842	19,056
別海町	-50.6%	881	10,687	1,783	15,855
清水町	-50.4%	439	6,345	885	9,961
京極町	-49.8%	160	2,337	319	3,811
帯広市	-49.8%	10,422	125,783	20,750	168,057
斜里町	-49.0%	654	8,936	1,284	13,045
安平町	-48.3%	389	5,538	751	8,726
伊達市	-47.4%	1,862	25,840	3,541	36,278
石狩市	-47.0%	3,572	44,665	6,743	59,449
上富良野町	-47.0%	625	6,968	1,178	11,545
登別市	-46.5%	2,772	34,853	5,178	51,526
室蘭市	-46.3%	4,918	60,201	9,155	94,535
鹿部町	-46.2%	255	3,631	474	4,767
鶴居村	-46.0%	125	1,966	232	2,627
中札内村	-44.4%	224	2,890	402	4,006
更別村	-43.2%	178	2,750	313	3,391
札幌市手稲区	-42.9%	9,663	127,780	16,923	139,644
今金町	-42.9%	299	3,881	523	6,186
長万部町	-41.8%	300	3,074	515	6,386
猿払村	-41.7%	207	1,958	356	2,825
苫小牧市	-41.0%	12,447	140,655	21,089	173,320
札幌市西区	-40.6%	17,361	191,087	29,221	211,229
中富良野町	-40.5%	312	3,612	525	5,477
鷹栖町	-40.2%	440	5,126	736	7,345
札幌市白石区	-40.0%	19,238	183,479	32,047	204,259
札幌市東区	-39.8%	22,593	225,135	37,523	255,873

	若年女性人口変化率	2040年若年女性人口	2040年総人口	2010年若年女性人口	2010年総人口
札幌市豊平区	−39.7%	19,691	191,754	32,664	212,118
北斗市	−38.6%	3,421	36,984	5,567	48,032
ニセコ町	−38.4%	335	4,353	544	4,823
札幌市北区	−38.2%	23,906	257,847	38,689	278,781
留寿都村	−37.9%	160	1,555	258	2,034
札幌市清田区	−37.4%	8,710	110,722	13,908	116,619
占冠村	−36.4%	95	758	149	1,394
中標津町	−36.3%	1,909	20,443	2,995	23,982
恵庭市	−33.6%	5,726	63,537	8,623	69,384
名寄市	−32.5%	2,345	22,125	3,472	30,591
幕別町	−32.4%	1,826	22,174	2,702	26,547
千歳市	−28.6%	9,047	87,851	12,672	93,604
芽室町	−28.1%	1,502	17,498	2,089	18,905
東川町	−23.8%	579	6,655	760	7,859
札幌市中央区	−22.5%	29,190	262,557	37,666	220,189
赤井川村	−21.8%	91	829	116	1,262
音更町	−17.3%	4,535	45,413	5,486	45,085
東神楽町	−16.2%	767	8,841	915	9,292
青森県					
今別町	−88.2%	20	1,211	172	3,217
外ヶ浜町	−83.1%	77	2,458	455	7,089
中泊町	−79.7%	201	5,448	990	12,743
深浦町	−79.3%	134	3,872	648	9,691
七戸町	−77.8%	305	7,797	1,372	16,759
鰺ヶ沢町	−74.5%	230	5,423	902	11,449
五戸町	−72.3%	426	10,352	1,538	18,712
大鰐町	−72.1%	253	5,271	907	10,978
蓬田村	−71.3%	76	1,893	266	3,271
平内町	−70.5%	308	6,102	1,044	12,361
風間浦村	−69.4%	50	1,201	165	2,463
三戸町	−69.1%	269	5,801	873	11,299
西目屋村	−68.1%	37	735	115	1,594
新郷村	−67.9%	54	1,391	168	2,851
南部町	−67.7%	513	10,596	1,586	19,853
東通村	−67.4%	186	3,935	571	7,252
田子町	−67.2%	135	2,899	411	6,175
階上町	−66.3%	451	9,510	1,339	14,699
野辺地町	−65.8%	456	8,260	1,332	14,314
佐井村	−64.8%	52	1,160	148	2,422
黒石市	−64.1%	1,360	20,475	3,785	36,132
大間町	−63.2%	214	3,768	580	6,340
東北町	−62.5%	629	11,976	1,676	19,106
つがる市	−62.4%	1,339	20,756	3,566	37,243
板柳町	−60.7%	588	8,421	1,496	15,227
五所川原市	−60.3%	2,298	33,202	5,786	58,421
鶴田町	−59.9%	540	8,311	1,347	14,270
むつ市	−58.0%	2,564	37,983	6,109	61,066
青森市	−57.4%	14,760	192,113	34,618	299,520
田舎館村	−55.5%	364	5,103	819	8,153
平川市	−55.2%	1,513	21,624	3,375	33,764
八戸市	−54.6%	11,824	162,347	26,056	237,615
弘前市	−54.4%	9,532	126,532	20,907	183,473
十和田市	−53.9%	3,214	45,365	6,970	66,110
横浜町	−52.4%	185	3,029	389	4,881

	若年女性人口変化率	2040年若年女性人口	2040年総人口	2010年若年女性人口	2010年総人口
藤崎町	−48.6%	842	11,278	1,638	16,021
三沢市	−47.0%	2,604	29,927	4,918	41,258
六戸町	−47.0%	488	7,022	921	10,241
六ヶ所村	−43.7%	627	7,698	1,113	11,095
おいらせ町	−36.6%	1,683	21,032	2,652	24,211
岩手県					
西和賀町	−76.0%	90	2,859	375	6,602
普代村	−75.5%	57	1,567	233	3,088
田野畑村	−72.7%	74	1,834	269	3,843
野田村	−71.1%	115	2,413	397	4,632
岩泉町	−70.3%	202	4,662	681	10,804
葛巻町	−69.8%	123	3,330	407	7,304
八幡平市	−69.3%	773	14,987	2,518	28,680
岩手町	−69.1%	374	7,717	1,211	14,984
一戸町	−69.0%	331	6,698	1,067	14,187
大槌町	−68.9%	393	7,160	1,262	15,276
洋野町	−68.3%	481	9,101	1,519	17,913
陸前高田市	−65.7%	632	12,426	1,844	23,300
山田町	−64.3%	563	9,040	1,578	18,617
住田町	−63.4%	166	2,910	453	6,190
雫石町	−63.4%	620	10,476	1,697	18,033
釜石市	−62.0%	1,210	19,002	3,184	39,574
久慈市	−61.9%	1,429	21,691	3,751	36,872
大船渡市	−61.9%	1,376	22,987	3,609	40,737
軽米町	−61.7%	280	5,426	731	10,209
遠野市	−61.2%	882	16,306	2,274	29,331
宮古市	−61.1%	2,047	32,166	5,261	59,430
二戸市	−58.1%	1,167	17,246	2,787	29,702
平泉町	−57.1%	300	4,955	698	8,345
一関市	−55.8%	5,084	75,024	11,495	127,642
奥州市	−52.6%	5,642	80,923	11,890	124,746
矢巾町	−51.6%	1,605	20,337	3,319	27,205
九戸村	−51.6%	232	3,579	479	6,507
花巻市	−47.0%	5,417	68,691	10,222	101,438
盛岡市	−43.5%	21,819	238,270	38,649	298,348
紫波町	−43.3%	2,006	25,111	3,539	33,288
北上市	−35.4%	7,033	73,437	10,881	93,138
滝沢村	−33.1%	4,715	50,903	7,044	53,857
金ケ崎町	−25.4%	1,235	13,693	1,656	16,325
宮城県					
南三陸町	−69.5%	446	9,511	1,463	17,429
松島町	−67.5%	472	8,319	1,449	15,085
山元町	−64.7%	545	9,879	1,547	16,704
気仙沼市	−64.7%	2,188	38,925	6,197	73,489
村田町	−64.0%	448	7,232	1,245	11,995
塩竈市	−63.0%	2,201	33,990	5,946	56,490
大郷町	−62.8%	324	5,692	871	8,927
丸森町	−62.3%	479	8,556	1,271	15,501
栗原市	−61.7%	2,395	41,317	6,252	74,932
角田市	−61.0%	1,279	19,477	3,281	31,336
女川町	−59.0%	371	5,632	904	10,051
川崎町	−58.9%	380	6,539	925	9,978
白石市	−58.5%	1,572	23,331	3,791	37,422

	若年女性人口変化率	2040年若年女性人口	2040年総人口	2010年若年女性人口	2010年総人口
涌谷町	-58.1%	702	10,652	1,674	17,494
大衡村	-57.2%	251	3,561	586	5,334
登米市	-57.1%	3,461	49,948	8,070	83,969
美里町	-56.9%	1,049	15,813	2,434	25,190
加美町	-56.8%	999	14,763	2,311	25,527
七ヶ宿町	-54.1%	40	789	88	1,694
石巻市	-52.8%	7,870	102,441	16,687	160,826
七ヶ浜町	-50.9%	1,084	13,748	2,208	20,416
蔵王町	-50.7%	604	8,837	1,226	12,882
色麻町	-50.2%	371	4,664	745	7,431
亘理町	-47.5%	2,117	26,583	4,031	34,845
大崎市	-46.3%	8,131	98,067	15,153	135,147
柴田町	-45.1%	2,659	30,570	4,842	39,341
仙台市泉区	-41.9%	17,033	187,264	29,301	211,183
東松島市	-41.4%	2,927	33,174	4,997	42,903
仙台市太白区	-40.5%	18,106	187,127	30,450	220,588
仙台市若林区	-38.0%	12,287	123,629	19,829	132,306
多賀城市	-37.9%	5,258	53,601	8,461	63,060
岩沼市	-36.8%	3,718	38,257	5,883	44,187
大河原町	-35.5%	1,923	20,639	2,979	23,530
仙台市青葉区	-32.3%	31,145	300,305	45,990	291,436
大和町	-31.5%	2,181	22,507	3,184	24,894
仙台市宮城野区	-29.0%	22,001	198,072	30,985	190,473
利府町	-20.4%	3,495	37,211	4,392	33,994
名取市	-10.2%	8,679	80,779	9,660	73,134
富谷町	8.3%	6,978	61,273	6,441	47,042
秋田県					
男鹿市	-74.6%	679	14,635	2,671	32,294
五城目町	-74.5%	202	4,444	791	10,516
三種町	-73.0%	392	9,229	1,452	18,876
小坂町	-72.9%	113	2,589	417	6,054
八峰町	-72.6%	155	3,840	567	8,220
藤里町	-71.0%	73	1,577	252	3,848
湯沢市	-69.5%	1,235	25,500	4,051	50,849
八郎潟町	-68.7%	172	3,793	549	6,623
北秋田市	-68.4%	800	16,578	2,527	36,387
仙北市	-66.1%	842	15,106	2,483	29,568
羽後町	-65.1%	476	8,730	1,364	16,792
上小阿仁村	-63.8%	47	1,164	130	2,727
能代市	-62.8%	1,875	31,860	5,043	59,084
井川町	-62.4%	176	3,205	468	5,493
美郷町	-59.9%	754	12,531	1,879	21,674
潟上市	-59.8%	1,439	22,335	3,583	34,442
東成瀬村	-59.1%	92	1,603	225	2,872
由利本荘市	-58.1%	3,246	52,899	7,755	85,229
にかほ市	-57.4%	1,020	16,789	2,396	27,544
横手市	-56.0%	3,803	59,519	8,642	98,367
大仙市	-55.7%	3,487	51,943	7,878	88,301
大館市	-55.5%	3,123	48,620	7,023	78,946
秋田市	-54.3%	17,236	225,596	37,753	323,600
鹿角市	-54.3%	1,272	19,327	2,786	34,473
大潟村	15.2%	358	2,868	311	3,218
山形県					

	若年女性人口変化率	2040年若年女性人口	2040年総人口	2010年若年女性人口	2010年総人口
鮭川村	-78.1%	80	2,212	367	4,862
大蔵村	-77.0%	65	1,660	285	3,762
戸沢村	-73.5%	113	2,444	428	5,304
最上町	-69.3%	231	5,001	754	9,847
遊佐町	-68.9%	356	7,526	1,145	15,480
尾花沢市	-68.4%	494	9,542	1,566	18,955
大石田町	-67.6%	228	4,219	703	8,160
朝日町	-64.9%	195	4,034	555	7,856
金山町	-64.8%	181	3,388	515	6,365
川西町	-64.7%	543	9,003	1,537	17,313
舟形町	-61.7%	180	3,387	470	6,164
西川町	-61.6%	174	3,071	452	6,270
上山市	-61.3%	1,201	19,325	3,101	33,836
飯豊町	-60.2%	288	4,315	724	7,943
真室川町	-59.3%	311	4,394	765	9,165
庄内町	-57.7%	837	13,002	1,978	23,158
白鷹町	-57.5%	549	9,008	1,291	15,314
酒田市	-57.5%	4,467	64,485	10,501	111,151
大江町	-56.9%	325	5,443	753	9,227
中山町	-54.5%	499	7,995	1,097	12,015
村山市	-54.2%	1,093	16,850	2,388	26,811
小国町	-53.6%	321	4,450	693	8,862
三川町	-52.8%	336	5,300	712	7,731
鶴岡市	-52.5%	6,258	88,132	13,164	136,623
天童市	-51.3%	3,438	44,190	7,058	62,214
南陽市	-51.1%	1,653	21,915	3,382	33,658
新庄市	-51.1%	1,959	24,467	4,004	38,850
河北町	-50.4%	907	13,559	1,830	19,959
長井市	-49.8%	1,353	18,305	2,694	29,473
高畠町	-48.5%	1,299	16,904	2,523	25,025
寒河江市	-48.2%	2,334	30,301	4,504	42,373
米沢市	-46.7%	4,995	60,676	9,371	89,401
山形市	-38.7%	19,245	206,401	31,415	254,244
山辺町	-35.4%	972	11,868	1,506	15,139
東根市	-24.2%	4,039	41,845	5,332	46,414
福島県					
福島県	-49.8%	109,241	1,416,587	217,815	2,029,064
茨城県					
大子町	-72.6%	366	9,503	1,335	20,073
城里町	-67.0%	674	12,971	2,045	21,491
河内町	-66.1%	304	5,369	897	10,172
常陸太田市	-64.3%	1,731	33,444	4,849	56,250
稲敷市	-63.3%	1,636	26,923	4,455	46,895
利根町	-62.7%	698	11,062	1,870	17,473
常陸大宮市	-62.5%	1,599	27,763	4,265	45,178
高萩市	-62.0%	1,215	18,180	3,200	31,017
美浦村	-61.2%	710	10,794	1,831	17,299
桜川市	-60.3%	1,805	27,680	4,543	45,673
行方市	-59.3%	1,519	21,802	3,733	37,611
五霞町	-58.7%	450	6,051	1,090	9,410
北茨城市	-57.5%	1,916	28,688	4,504	47,026
石岡市	-54.4%	3,872	56,672	8,490	79,687
日立市	-53.0%	9,628	132,449	20,487	193,129

	若年女性人口変化率	2040年若年女性人口	2040年総人口	2010年若年女性人口	2010年総人口
筑西市	-52.3%	5,666	72,774	11,874	108,527
潮来市	-50.9%	1,622	20,517	3,306	30,534
笠間市	-50.0%	4,453	56,656	8,914	79,409
八千代町	-49.8%	1,192	16,893	2,376	23,106
下妻市	-49.7%	2,623	31,665	5,218	44,987
古河市	-48.6%	8,723	105,143	16,961	142,995
鉾田市	-48.6%	2,666	36,890	5,182	50,156
取手市	-48.4%	6,653	78,659	12,897	109,651
那珂市	-47.8%	3,113	41,715	5,966	54,240
大洗町	-45.7%	1,079	11,676	1,988	18,328
坂東市	-45.2%	3,367	39,737	6,142	56,114
つくばみらい市	-44.7%	3,160	35,202	5,712	44,461
かすみがうら市	-44.5%	2,770	31,301	4,995	43,553
境町	-43.2%	1,666	18,202	2,935	25,714
阿見町	-42.9%	3,472	38,818	6,084	47,940
常総市	-42.7%	4,374	49,339	7,632	65,320
龍ケ崎市	-41.9%	5,666	69,512	9,760	80,334
鹿嶋市	-41.7%	4,091	55,676	7,019	66,093
茨城町	-41.2%	2,154	26,662	3,660	34,513
小美玉市	-39.2%	3,645	39,733	5,995	52,279
土浦市	-39.1%	10,504	115,887	17,260	143,839
結城市	-35.4%	3,977	42,467	6,159	52,494
ひたちなか市	-31.6%	13,114	141,682	19,163	157,060
水戸市	-31.2%	23,515	248,110	34,193	268,750
神栖市	-29.7%	8,558	88,398	12,173	94,795
守谷市	-28.4%	6,422	63,686	8,969	62,482
牛久市	-20.3%	8,458	83,628	10,616	81,684
つくば市	-15.1%	26,640	244,641	31,376	214,590
東海村	-14.1%	3,922	39,044	4,568	37,438

栃木県

	若年女性人口変化率	2040年若年女性人口	2040年総人口	2010年若年女性人口	2010年総人口
那珂川町	-71.3%	460	10,417	1,604	18,446
塩谷町	-69.8%	354	6,847	1,174	12,560
茂木町	-68.2%	412	7,777	1,293	15,018
那須烏山市	-64.0%	1,006	17,291	2,794	29,206
岩舟町	-58.3%	781	11,741	1,875	18,241
日光市	-57.9%	3,721	57,097	8,831	90,066
那須町	-54.1%	1,071	20,188	2,332	26,765
足利市	-49.5%	8,278	102,761	16,386	154,530
益子町	-49.3%	1,317	17,299	2,598	24,348
栃木市	-48.3%	8,341	102,144	16,144	145,783
市貝町	-48.3%	657	9,031	1,272	12,094
野木町	-47.1%	1,654	19,770	3,130	25,720
鹿沼市	-46.8%	6,159	77,096	11,583	102,348
矢板市	-45.4%	2,092	27,407	3,832	35,343
佐野市	-45.2%	7,255	87,196	13,235	121,249
壬生町	-44.8%	2,735	29,958	4,953	39,605
大田原市	-44.2%	5,157	60,538	9,247	77,729
高根沢町	-43.1%	2,094	22,935	3,682	30,436
芳賀町	-41.0%	977	11,929	1,657	16,030
下野市	-36.4%	4,877	50,442	7,665	59,483
上三川町	-35.3%	2,611	26,831	4,033	31,621
真岡市	-34.4%	6,775	66,644	10,325	82,289
那須塩原市	-32.7%	9,896	107,794	14,705	117,812
さくら市	-31.5%	3,560	40,375	5,196	44,768
宇都宮市	-30.9%	45,641	463,715	66,063	511,739
小山市	-28.6%	14,974	153,943	20,959	164,454

群馬県

	若年女性人口変化率	2040年若年女性人口	2040年総人口	2010年若年女性人口	2010年総人口
南牧村	-89.9%	10	626	99	2,423
神流町	-85.5%	13	691	92	2,352
下仁田町	-83.7%	89	3,431	547	8,911
片品村	-75.8%	86	2,221	355	4,904
嬬恋村	-69.7%	261	5,867	861	10,183
長野原町	-67.4%	171	3,014	524	6,017
みなかみ町	-66.4%	590	10,871	1,755	21,345
草津町	-65.5%	204	3,993	592	7,160
東吾妻町	-62.8%	491	8,594	1,319	15,622
中之条町	-61.3%	597	10,773	1,544	18,216
甘楽町	-60.9%	542	8,573	1,384	13,618
上野村	-60.7%	35	739	89	1,306
渋川市	-58.9%	3,509	51,692	8,540	83,330
桐生市	-57.6%	5,082	72,834	11,995	121,704
高山村	-56.5%	150	2,426	346	3,911
玉村町	-56.3%	2,069	28,618	4,729	37,536
安中市	-55.3%	2,677	41,040	5,994	61,077
邑楽町	-51.4%	1,439	19,778	2,961	27,023
大泉町	-51.1%	2,459	28,657	5,033	40,257
沼田市	-50.4%	2,560	34,049	5,159	51,265
藤岡市	-47.3%	3,892	49,828	7,386	67,975
富岡市	-47.2%	2,893	36,731	5,476	52,070
明和町	-45.2%	720	8,765	1,314	11,209
川場村	-44.6%	168	3,116	304	3,898
板倉町	-44.5%	902	12,047	1,626	15,706
館林市	-44.5%	5,008	58,926	9,022	78,608
榛東村	-40.7%	1,019	12,861	1,720	14,370
千代田町	-39.8%	813	8,805	1,352	11,473
みどり市	-38.4%	3,814	41,182	6,194	51,899
前橋市	-37.1%	25,113	277,016	39,909	340,291
昭和村	-35.2%	544	5,871	840	7,620
高崎市	-26.7%	33,124	335,916	45,187	371,302
太田市	-26.3%	19,609	191,869	26,600	216,465
伊勢崎市	-23.0%	20,306	195,015	26,362	207,221
吉岡町	1.9%	2,648	24,199	2,598	19,801

埼玉県

	若年女性人口変化率	2040年若年女性人口	2040年総人口	2010年若年女性人口	2010年総人口
東秩父村	-82.6%	49	1,411	279	3,348
小川町	-75.6%	791	17,212	3,246	32,913
ときがわ町	-75.5%	290	6,783	1,185	12,418
鳩山町	-71.6%	426	9,681	1,501	15,305
吉見町	-70.7%	648	12,129	2,208	21,079
長瀞町	-67.5%	239	4,542	735	7,908
横瀬町	-67.4%	283	4,910	867	9,039
小鹿野町	-63.6%	440	7,483	1,208	13,436
幸手市	-62.7%	2,344	33,151	6,279	54,012
皆野町	-62.3%	386	6,309	1,024	10,888
川島町	-60.0%	961	14,697	2,403	22,147
越生町	-59.8%	527	7,115	1,311	12,537
寄居町	-58.5%	1,571	23,525	3,785	35,774
嵐山町	-58.1%	927	12,697	2,211	18,887

	若年女性人口変化率	2040年若年女性人口	2040年総人口	2010年若年女性人口	2010年総人口
美里町	-57.8%	500	7,900	1,186	11,605
行田市	-56.2%	4,336	56,833	9,899	85,786
宮代町	-56.0%	1,643	22,604	3,731	33,641
北本市	-55.0%	3,785	48,644	8,419	68,888
三郷市	-54.9%	7,590	90,763	16,826	131,415
飯能市	-52.3%	4,399	63,075	9,221	83,549
秩父市	-51.3%	3,173	40,916	6,511	66,955
日高市	-49.7%	3,591	45,002	7,144	57,473
狭山市	-49.7%	9,356	116,863	18,584	155,727
神川町	-48.0%	828	9,956	1,594	14,470
久喜市	-47.9%	9,645	119,119	18,514	154,310
東松山市	-47.2%	5,686	67,402	10,759	90,099
加須市	-47.0%	7,074	89,910	13,338	115,002
毛呂山町	-45.2%	2,836	30,399	5,179	39,054
春日部市	-45.0%	15,873	179,339	28,860	237,171
熊谷市	-44.4%	13,348	156,890	24,018	203,180
杉戸町	-44.3%	3,073	37,478	5,521	46,923
蓮田市	-44.0%	4,433	48,742	7,916	63,309
入間市	-43.7%	10,420	123,865	18,517	149,872
本庄市	-43.5%	5,251	64,792	9,295	81,889
深谷市	-42.7%	9,806	109,120	17,127	144,618
八潮市	-42.5%	6,347	67,922	11,039	82,977
蕨市	-42.5%	5,640	53,772	9,808	71,502
鴻巣市	-42.4%	8,423	95,317	14,630	119,639
鶴ヶ島市	-39.8%	5,820	57,323	9,665	69,990
羽生市	-39.7%	3,780	43,374	6,274	56,204
松伏町	-39.7%	2,200	25,682	3,646	31,153
上里町	-38.4%	2,359	25,811	3,827	30,998
坂戸市	-34.5%	8,677	91,802	13,248	101,700
桶川市	-34.3%	5,972	63,554	9,086	74,711
上尾市	-32.2%	19,315	194,291	28,496	223,926
所沢市	-30.3%	31,608	308,664	45,341	341,924
白岡市	-30.1%	4,275	46,420	6,113	50,272
富士見市	-29.6%	10,395	94,030	14,770	106,736
越谷市	-26.3%	32,293	305,194	43,846	326,313
草加市	-26.3%	23,924	226,442	32,441	243,855
志木市	-26.1%	7,093	65,403	9,603	69,611
川越市	-25.7%	32,752	316,602	44,078	342,670
三芳町	-22.8%	3,641	37,233	4,714	38,706
さいたま市	-22.7%	126,134	1,202,098	163,113	1,222,434
ふじみ野市	-20.9%	10,745	100,729	13,584	105,695
川口市	-19.9%	60,903	550,081	75,991	561,506
和光市	-19.2%	10,716	84,558	13,264	80,745
新座市	-18.6%	17,012	153,681	20,907	158,777
戸田市	-15.2%	16,100	129,724	18,987	123,079
朝霞市	-13.1%	16,412	128,624	18,894	129,691
伊奈町	-7.2%	5,689	49,842	6,131	42,494
滑川町	0.8%	2,391	21,445	2,371	17,323
吉川市	1.7%	8,961	76,443	8,815	65,298

千葉県

	若年女性人口変化率	2040年若年女性人口	2040年総人口	2010年若年女性人口	2010年総人口
栄町	-77.3%	583	12,104	2,570	22,580
長南町	-72.0%	217	4,854	776	9,073
鋸南町	-70.1%	191	4,428	641	8,950
東庄町	-68.0%	431	8,120	1,347	15,154
睦沢町	-67.3%	215	4,079	657	7,340
銚子市	-65.4%	2,345	36,950	6,784	70,210
長柄町	-65.1%	235	4,993	674	8,035
御宿町	-65.1%	187	4,862	536	7,738
山武市	-64.9%	1,950	33,946	5,562	56,089
富津市	-64.5%	1,525	29,669	4,291	48,073
白子町	-63.9%	425	7,133	1,178	12,151
大多喜町	-61.8%	320	5,984	836	10,671
南房総市	-61.7%	1,165	23,778	3,043	42,104
匝瑳市	-61.4%	1,479	23,792	3,836	39,814
香取市	-61.1%	3,062	49,016	7,861	82,866
八街市	-61.0%	3,179	49,746	8,151	73,212
多古町	-60.8%	569	9,576	1,452	16,002
芝山町	-60.6%	298	4,781	757	7,920
九十九里町	-59.3%	726	10,578	1,781	18,004
横芝光町	-58.5%	998	14,670	2,406	24,675
勝浦市	-58.2%	698	12,499	1,669	20,788
神崎町	-57.2%	253	4,296	592	6,454
東金市	-56.2%	3,204	46,245	7,318	61,751
いすみ市	-55.3%	1,604	27,007	3,590	40,962
君津市	-55.2%	4,262	63,058	9,522	89,168
千葉市花見川区	-54.1%	10,318	134,100	22,470	180,949
館山市	-51.2%	2,210	33,920	4,525	49,290
酒々井町	-47.6%	1,437	16,151	2,745	21,234
千葉市若葉区	-47.1%	9,098	126,380	17,197	151,585
富里市	-47.0%	3,475	39,132	6,560	51,087
茂原市	-46.8%	5,456	72,196	10,265	93,015
佐倉市	-45.1%	11,544	137,029	21,019	172,183
旭市	-45.1%	4,221	49,522	7,683	69,058
長生村	-43.8%	824	11,877	1,465	14,752
市原市	-43.6%	18,582	221,199	32,975	280,416
我孫子市	-43.4%	9,116	101,269	16,111	134,017
大網白里市	-43.0%	3,052	42,282	5,354	50,113
木更津市	-42.5%	8,760	100,259	15,241	129,312
市川市	-41.5%	39,653	382,094	67,841	473,919
流山市	-39.9%	13,455	143,291	22,388	163,984
松戸市	-39.4%	38,713	413,741	63,832	484,457
鴨川市	-35.6%	2,403	26,766	3,728	35,766
袖ケ浦市	-34.7%	4,710	53,410	7,216	60,355
白井市	-31.3%	5,464	57,065	7,949	60,345
四街道市	-30.6%	7,363	75,191	10,603	86,726
印西市	-30.4%	7,879	86,417	11,317	88,176
船橋市	-30.3%	59,589	565,729	85,433	609,040
野田市	-30.2%	12,883	139,258	18,450	155,491
千葉市美浜区	-28.2%	14,201	140,417	19,777	150,162
一宮町	-26.7%	911	11,135	1,243	12,034
千葉市稲毛区	-24.1%	15,751	151,199	20,740	157,768
浦安市	-22.2%	21,770	156,779	27,984	164,877
習志野市	-21.6%	17,438	158,893	22,247	164,530
柏市	-21.0%	43,291	413,467	54,797	404,012
鎌ケ谷市	-19.6%	11,276	108,227	14,018	107,853
成田市	-18.4%	15,560	141,426	19,063	128,933
千葉市中央区	-11.4%	24,843	220,679	28,044	199,364
八千代市	-11.3%	22,543	195,416	25,412	189,781
千葉市緑区	-2.6%	14,945	139,520	15,348	121,921

	若年女性人口変化率	2040年若年女性人口	2040年総人口	2010年若年女性人口	2010年総人口
東京都					
奥多摩町	-78.1%	91	2,306	415	6,045
檜原村	-74.2%	39	1,206	152	2,558
八丈町	-69.6%	192	4,224	632	8,231
御蔵島村	-69.6%	20	287	66	348
利島村	-66.3%	10	229	31	341
日の出町	-57.8%	734	11,437	1,738	16,650
青ヶ島村	-56.9%	10	119	23	201
神津島村	-56.7%	65	1,083	151	1,889
大島町	-55.2%	297	4,983	663	8,461
新島村	-53.8%	101	1,649	219	2,883
豊島区	-50.8%	24,666	272,688	50,136	284,678
青梅市	-48.2%	8,084	99,880	15,608	139,339
福生市	-46.6%	4,101	42,594	7,677	59,796
足立区	-44.6%	49,931	520,662	90,107	683,426
瑞穂町	-43.7%	2,194	25,920	3,898	33,497
杉並区	-43.5%	48,466	468,653	85,802	549,569
多摩市	-42.2%	11,454	125,856	19,809	147,648
三宅村	-41.2%	111	1,625	188	2,676
武蔵野市	-40.2%	13,831	122,899	23,120	138,734
渋谷区	-39.5%	21,943	179,551	36,240	204,492
中野区	-39.4%	33,300	276,692	54,943	314,750
立川市	-39.1%	15,188	165,549	24,938	179,668
葛飾区	-37.3%	36,254	351,079	57,839	442,586
狛江市	-37.3%	7,277	66,545	11,605	78,751
中央区	-35.2%	15,088	149,588	23,298	122,762
台東区	-34.7%	15,567	167,939	23,841	175,928
小平市	-34.3%	16,793	168,448	25,573	187,035
文京区	-34.2%	23,153	205,420	35,171	206,626
練馬区	-33.5%	70,245	759,489	105,657	716,124
清瀬市	-33.0%	6,316	63,334	9,433	74,104
目黒区	-32.3%	32,040	248,890	47,355	268,330
東久留米市	-31.1%	9,746	98,749	14,151	116,546
港区	-31.1%	25,016	229,946	36,320	205,131
千代田区	-29.8%	5,076	48,030	7,234	47,115
北区	-29.8%	33,794	295,263	48,109	335,544
あきる野市	-29.2%	6,560	69,683	9,267	80,868
昭島市	-29.2%	10,195	100,584	14,401	112,297
八王子市	-28.2%	53,502	556,727	74,559	580,053
武蔵村山市	-28.1%	6,312	57,002	8,776	70,053
羽村市	-28.0%	4,921	48,885	6,835	57,032
小笠原村	-27.1%	254	2,298	349	2,785
国立市	-26.9%	7,408	75,133	10,138	75,510
板橋区	-26.6%	58,041	507,834	79,050	535,824
小金井市	-26.3%	12,901	122,170	17,499	118,852
日野市	-25.9%	17,704	165,974	23,899	180,052
国分寺市	-25.6%	13,326	120,097	17,915	120,650
世田谷区	-25.0%	112,151	891,877	149,574	877,138
調布市	-24.9%	25,594	220,557	34,088	223,593
品川区	-23.4%	46,211	378,746	60,346	365,302
西東京市	-22.7%	21,103	195,064	27,307	196,511
新宿区	-21.1%	46,078	359,658	58,427	326,309
墨田区	-20.8%	29,301	268,452	36,997	247,606
町田市	-20.3%	44,075	435,434	55,281	426,987

	若年女性人口変化率	2040年若年女性人口	2040年総人口	2010年若年女性人口	2010年総人口
大田区	-19.6%	82,147	690,762	102,156	693,373
三鷹市	-19.1%	24,047	197,964	29,726	186,083
江戸川区	-16.9%	81,428	661,973	97,994	678,967
府中市	-15.0%	30,059	259,506	35,380	255,506
東大和市	-14.5%	8,943	83,280	10,464	83,068
東村山市	-12.2%	17,519	164,158	19,960	153,557
江東区	-12.0%	60,758	543,970	69,021	460,819
荒川区	-10.2%	26,801	218,307	29,857	203,296
稲城市	-5.4%	10,774	97,817	11,389	84,835
神奈川県					
箱根町	-71.6%	472	6,203	1,661	13,853
真鶴町	-70.4%	203	4,109	686	8,212
松田町	-69.3%	371	6,377	1,208	11,676
山北町	-68.1%	359	6,182	1,125	11,764
清川村	-66.8%	111	2,040	335	3,459
三浦市	-57.9%	2,018	30,719	4,789	48,352
二宮町	-53.6%	1,433	20,061	3,089	29,522
大井町	-50.8%	1,137	13,329	2,312	17,972
湯河原町	-50.6%	1,219	18,279	2,469	26,848
愛川町	-48.1%	2,447	32,724	4,717	42,089
中井町	-47.2%	573	7,202	1,085	10,010
横須賀市	-41.9%	27,141	301,223	46,695	418,325
横浜市金沢区	-40.8%	15,233	172,594	25,741	209,274
秦野市	-40.2%	12,253	146,311	20,480	170,145
横浜市港南区	-39.7%	16,349	180,909	27,110	221,411
横浜市磯子区	-39.5%	12,334	135,341	20,384	163,237
厚木市	-38.7%	17,474	190,081	28,509	224,420
伊勢原市	-38.7%	8,211	84,452	13,392	101,039
南足柄市	-38.0%	2,983	34,050	4,814	44,020
小田原市	-37.3%	14,857	156,956	23,706	198,327
川崎市中原区	-37.1%	25,847	220,255	41,082	233,925
相模原市	-35.3%	63,054	650,345	97,459	717,544
大磯町	-35.2%	2,263	27,542	3,493	33,032
横浜市瀬谷区	-34.7%	10,242	105,350	15,674	126,913
横浜市栄区	-34.6%	10,092	107,061	15,431	124,866
横浜市南区	-33.2%	17,038	162,888	25,517	196,153
横浜市保土ケ谷区	-32.7%	17,160	183,630	25,492	206,634
平塚市	-32.6%	21,430	224,689	31,779	260,780
寒川町	-32.4%	4,053	39,574	5,996	47,672
横浜市西区	-32.3%	9,980	95,572	14,745	94,867
横浜市泉区	-31.9%	12,980	143,381	19,053	155,698
座間市	-31.3%	11,678	109,594	16,991	129,436
横浜市旭区	-30.3%	21,043	218,607	30,175	251,086
逗子市	-28.6%	4,450	47,987	6,229	58,302
大和市	-26.4%	23,038	213,314	31,295	228,186
海老名市	-25.2%	12,631	119,873	16,885	127,707
川崎市多摩区	-24.7%	25,784	220,841	34,234	213,894
横浜市青葉区	-24.0%	31,279	301,066	41,145	304,297
横浜市中区	-23.9%	14,181	146,693	18,637	146,033
鎌倉市	-23.9%	15,150	154,234	19,897	174,314
綾瀬市	-23.6%	7,969	72,492	10,436	83,167
藤沢市	-22.3%	42,110	402,419	54,222	409,657
横浜市戸塚区	-21.3%	28,249	256,313	35,872	274,324
横浜市鶴見区	-21.0%	29,528	266,644	37,382	272,178

	若年女性人口変化率	2040年若年女性人口	2040年総人口	2010年若年女性人口	2010年総人口
川崎市川崎区	-21.0%	23,025	228,805	29,133	217,328
茅ヶ崎市	-20.7%	23,685	221,208	29,879	235,081
葉山町	-20.3%	2,768	29,863	3,473	32,766
横浜市港北区	-19.9%	40,764	360,838	50,870	329,471
横浜市神奈川区	-18.5%	28,028	251,000	34,390	233,429
横浜市緑区	-16.9%	19,759	187,278	23,777	177,631
川崎市宮前区	-15.6%	26,871	233,652	31,846	218,867
開成町	-13.4%	1,706	16,523	1,970	16,369
川崎市高津区	-13.2%	31,206	254,022	35,939	217,360
川崎市麻生区	-11.8%	21,052	193,644	23,861	169,926
川崎市幸区	-10.9%	19,691	175,663	22,088	154,212
横浜市都筑区	13.4%	31,020	270,271	27,357	201,271
新潟県					
粟島浦村	-83.2%	2	163	14	366
湯沢町	-73.5%	196	5,215	741	8,396
出雲崎町	-67.1%	115	2,528	351	4,907
阿賀町	-66.9%	278	6,210	841	13,303
田上町	-66.2%	417	7,569	1,231	12,791
村上市	-61.1%	2,202	38,020	5,667	66,427
加茂市	-60.9%	1,105	17,422	2,827	29,762
関川村	-60.9%	186	3,269	476	6,438
津南町	-60.3%	298	6,305	750	10,881
魚沼市	-60.3%	1,445	22,553	3,636	40,361
妙高市	-59.7%	1,262	20,282	3,133	35,457
佐渡市	-59.3%	1,907	33,998	4,681	62,727
五泉市	-55.3%	2,411	35,181	5,392	54,550
胎内市	-54.0%	1,379	19,970	2,996	31,424
十日町市	-53.4%	2,271	36,141	4,873	58,911
刈羽村	-51.6%	196	3,399	405	4,800
柏崎市	-51.3%	4,355	62,925	8,935	91,451
新発田市	-50.5%	5,252	68,360	10,609	101,202
三条市	-49.1%	5,538	72,631	10,875	102,292
阿賀野市	-48.9%	2,438	31,809	4,768	45,560
糸魚川市	-47.5%	2,052	30,527	3,908	47,702
南魚沼市	-46.8%	3,448	45,819	6,485	61,624
燕市	-46.6%	4,837	59,977	9,050	81,876
小千谷市	-46.1%	2,046	26,672	3,794	38,600
見附市	-45.1%	2,440	30,443	4,445	41,862
長岡市	-43.9%	17,523	210,496	31,213	282,674
上越市	-43.3%	11,937	149,832	21,067	203,899
新潟市	-40.7%	59,587	663,412	100,404	811,901
弥彦村	-27.8%	686	7,309	950	8,582
聖籠町	-25.9%	1,146	12,108	1,546	13,724
富山県					
朝日町	-65.8%	379	6,943	1,109	13,651
南砺市	-61.0%	2,026	32,130	5,200	54,724
氷見市	-57.2%	2,064	30,725	4,824	51,726
小矢部市	-54.8%	1,418	20,711	3,137	32,067
上市町	-51.9%	1,068	13,631	2,222	21,965
魚津市	-47.8%	2,404	30,781	4,610	44,959
高岡市	-47.4%	9,854	121,166	18,726	176,061
黒部市	-44.1%	2,485	30,979	4,446	41,852
立山町	-43.2%	1,683	19,920	2,962	27,466
入善町	-38.5%	1,687	19,250	2,745	27,182
射水市	-38.0%	6,571	73,261	10,606	93,588
滑川市	-36.6%	2,426	26,078	3,829	33,676
富山市	-34.0%	32,614	350,188	49,401	421,953
砺波市	-33.5%	3,714	41,243	5,588	49,410
舟橋村	7.5%	406	3,361	378	2,967
石川県					
能登町	-81.3%	217	7,945	1,157	19,565
穴水町	-73.3%	154	4,787	577	9,735
珠洲市	-71.0%	280	6,625	965	16,300
羽咋市	-69.6%	627	12,866	2,061	23,032
輪島市	-66.6%	610	13,706	1,826	29,858
宝達志水町	-63.1%	479	7,999	1,298	14,277
七尾市	-59.5%	2,144	32,202	5,299	57,900
志賀町	-54.8%	743	12,079	1,644	22,216
加賀市	-50.7%	3,631	46,070	7,366	71,887
内灘町	-47.7%	1,848	21,683	3,531	26,927
かほく市	-40.9%	2,317	27,425	3,921	34,651
中能登町	-38.6%	1,079	13,191	1,756	18,535
小松市	-36.6%	7,825	85,483	12,347	108,433
金沢市	-33.0%	41,351	418,660	61,746	462,361
白山市	-32.3%	9,129	94,817	13,491	110,459
津幡町	-22.0%	3,499	35,734	4,487	36,940
能美市	-19.9%	4,763	47,446	5,948	48,680
野々市市	-12.4%	6,563	59,137	7,488	51,885
川北町	15.8%	1,001	7,906	864	6,147
福井県					
池田町	-71.1%	66	1,468	228	3,046
大野市	-62.8%	1,181	19,266	3,170	35,291
高浜町	-62.1%	397	7,032	1,047	11,062
美浜町	-59.2%	377	6,699	925	10,563
勝山市	-58.2%	1,025	15,541	2,451	25,466
あわら市	-57.2%	1,335	19,916	3,120	29,989
おおい町	-52.5%	358	4,817	754	8,580
小浜市	-50.7%	1,492	22,169	3,026	31,340
若狭町	-50.5%	686	10,674	1,386	16,099
南越前町	-48.0%	569	7,304	1,094	11,551
越前市	-46.3%	5,235	62,957	9,748	85,614
敦賀市	-42.6%	4,374	52,063	7,625	67,760
越前町	-42.2%	1,364	16,015	2,359	23,160
福井市	-38.9%	18,814	209,978	30,804	266,796
坂井市	-37.5%	6,642	74,014	10,632	91,900
永平寺町	-36.5%	1,628	16,767	2,563	20,647
鯖江市	-27.1%	5,967	58,960	8,182	67,450
山梨県					
早川町	-82.0%	13	388	75	1,246
身延町	-75.8%	237	6,116	980	14,462
南部町	-71.5%	191	4,057	671	9,011
大月市	-71.4%	698	13,177	2,438	28,120
丹波山村	-66.4%	10	250	29	685
上野原市	-63.8%	980	15,333	2,710	27,114
富士吉田市	-58.1%	2,248	32,768	5,360	50,619

	若年女性人口変化率	2040年若年女性人口	2040年総人口	2010年若年女性人口	2010年総人口
山梨市	-56.4%	1,618	23,434	3,712	36,832
富士川町	-55.7%	691	9,759	1,561	16,307
小菅村	-55.6%	20	405	44	816
甲州市	-55.2%	1,394	20,721	3,113	33,927
北杜市	-55.1%	1,703	32,706	3,792	46,968
山中湖村	-53.2%	242	4,033	517	5,324
市川三郷町	-52.7%	697	10,966	1,473	17,111
道志村	-50.8%	90	1,299	184	1,919
韮崎市	-50.7%	1,681	22,745	3,409	32,477
都留市	-49.4%	2,183	22,430	4,316	33,588
西桂町	-47.1%	257	3,006	485	4,541
笛吹市	-46.0%	4,341	53,540	8,044	70,529
中央市	-40.5%	2,401	26,628	4,033	31,322
甲斐市	-38.4%	5,775	59,283	9,381	73,807
南アルプス市	-35.3%	5,436	62,549	8,401	72,635
甲府市	-34.7%	15,175	162,459	23,240	198,992
忍野村	-33.1%	657	7,195	982	8,635
鳴沢村	-28.2%	214	2,577	298	2,964
富士河口湖町	-26.8%	2,197	23,641	3,001	25,471
昭和町	-18.0%	1,861	18,068	2,270	17,653

長野県

	若年女性人口変化率	2040年若年女性人口	2040年総人口	2010年若年女性人口	2010年総人口
小谷村	-77.9%	56	1,337	254	3,221
野沢温泉村	-74.2%	72	1,851	281	3,853
天龍村	-72.3%	20	532	74	1,657
山ノ内町	-71.3%	317	6,919	1,104	13,678
信濃町	-70.0%	220	4,775	734	9,238
筑北村	-69.5%	121	2,433	398	5,172
小海町	-68.6%	121	2,773	386	5,180
飯島町	-67.8%	308	5,697	958	9,902
佐久穂町	-67.5%	326	6,817	1,003	12,069
木曽町	-67.1%	313	6,219	951	12,743
大町市	-67.0%	879	15,269	2,660	29,801
長和町	-66.2%	177	3,730	523	6,780
根羽村	-65.9%	22	514	64	1,129
北相木村	-65.4%	15	422	43	842
栄村	-64.4%	43	994	122	2,215
上松町	-62.8%	133	2,581	358	5,245
南木曽町	-62.3%	139	2,428	369	4,810
立科町	-61.9%	261	4,557	686	7,707
大鹿村	-61.7%	22	437	58	1,160
麻績村	-60.6%	82	1,761	208	2,970
生坂村	-59.9%	61	940	151	1,953
王滝村	-58.8%	39	433	94	965
小布施町	-57.7%	463	7,206	1,094	11,072
飯山市	-57.6%	897	13,887	2,115	23,545
下諏訪町	-57.5%	885	12,002	2,082	21,532
朝日村	-57.0%	188	3,293	436	4,741
飯綱町	-55.8%	439	7,206	994	11,865
南牧村	-52.2%	137	2,906	286	3,528
阿智村	-52.2%	308	4,371	645	7,036
南相木村	-51.9%	37	649	77	1,121
坂城町	-51.5%	744	9,919	1,535	15,730
白馬村	-51.2%	489	6,982	1,001	9,205
豊丘村	-50.5%	301	4,708	609	6,819
木島平村	-50.0%	209	2,970	418	4,939
小諸市	-49.7%	2,361	30,076	4,692	43,997
大桑村	-49.1%	147	2,274	289	4,145
辰野町	-48.7%	997	13,280	1,943	20,909
松川町	-48.6%	655	9,477	1,276	13,676
千曲市	-48.6%	3,295	42,348	6,407	62,068
東御市	-47.7%	1,709	22,837	3,267	30,696
須坂市	-47.3%	2,833	35,708	5,372	52,168
上田市	-46.1%	9,264	114,979	17,200	159,597
池田町	-46.1%	508	7,196	943	10,329
小川村	-45.1%	132	1,497	241	3,041
高山村	-45.0%	392	5,740	712	7,563
岡谷市	-44.1%	3,094	35,066	5,532	52,841
木祖村	-44.0%	142	1,847	254	3,134
中川村	-43.9%	243	3,505	433	5,074
飯田市	-43.9%	6,243	74,577	11,122	105,335
青木村	-43.3%	210	3,172	371	4,609
長野市	-43.0%	24,919	289,701	43,707	381,511
中野市	-42.6%	2,833	32,829	4,931	45,638
諏訪市	-42.1%	3,498	35,069	6,041	51,200
伊那市	-41.8%	4,358	55,406	7,488	71,093
川上村	-40.8%	208	4,172	352	4,972
平谷村	-40.6%	29	427	49	563
塩尻市	-40.1%	4,785	53,412	7,991	67,670
富士見町	-39.4%	879	12,057	1,451	15,338
駒ヶ根市	-39.0%	2,194	24,937	3,595	33,693
原村	-38.8%	441	6,402	721	7,573
泰阜村	-38.0%	93	1,150	150	1,910
安曇野市	-37.6%	6,519	77,155	10,454	96,479
茅野市	-37.5%	4,048	44,765	6,479	56,391
喬木村	-36.9%	390	4,853	618	6,692
松川村	-36.7%	663	8,113	1,047	10,093
阿南町	-36.2%	243	3,065	380	5,455
売木村	-35.7%	26	420	40	656
箕輪町	-35.1%	2,024	21,245	3,120	26,214
軽井沢町	-33.0%	1,440	17,197	2,150	19,018
佐久市	-32.0%	7,320	84,763	10,764	100,552
松本市	-29.9%	20,736	206,132	29,579	243,037
宮田村	-28.2%	715	7,514	995	8,974
高森町	-26.9%	1,032	11,811	1,411	13,216
御代田町	-24.6%	1,291	14,480	1,711	14,738
山形村	-20.3%	725	7,935	910	8,425
南箕輪村	-8.9%	1,709	16,140	1,876	14,543
下條村	-8.6%	393	3,793	430	4,200

岐阜県

	若年女性人口変化率	2040年若年女性人口	2040年総人口	2010年若年女性人口	2010年総人口
白川町	-70.3%	190	4,625	642	9,530
七宗町	-67.0%	111	2,337	337	4,484
揖斐川町	-64.5%	826	12,805	2,329	23,784
八百津町	-60.8%	408	6,688	1,040	12,045
関ケ原町	-60.5%	284	4,655	717	8,096
飛騨市	-60.1%	862	14,071	2,158	26,732
郡上市	-59.9%	1,455	26,235	3,629	44,491
神戸町	-57.3%	1,011	13,053	2,368	20,065
海津市	-57.3%	1,794	24,562	4,202	37,941

	若年女性人口變化率	2040年若年女性人口	2040年総人口	2010年若年女性人口	2010年総人口
下呂市	−56.1%	1,330	21,471	3,029	36,314
養老町	−54.5%	1,589	20,624	3,490	31,332
富加町	−53.0%	303	4,043	645	5,516
瑞浪市	−52.9%	2,047	27,172	4,342	40,387
東白川村	−50.3%	75	1,387	150	2,514
美濃市	−50.2%	1,180	15,399	2,371	22,629
恵那市	−50.2%	2,561	36,150	5,142	53,718
多治見市	−50.1%	6,504	80,509	13,037	112,595
山県市	−49.2%	1,655	20,491	3,255	29,629
中津川市	−48.4%	4,198	54,961	8,142	80,910
高山市	−47.4%	5,107	62,106	9,713	92,747
土岐市	−44.7%	3,694	42,699	6,675	60,475
御嵩町	−44.3%	1,145	14,033	2,055	18,824
川辺町	−42.3%	639	7,927	1,107	10,593
白川村	−41.3%	96	1,219	164	1,733
関市	−40.5%	6,518	71,513	10,947	91,418
可児市	−39.7%	7,566	78,798	12,542	97,436
坂祝町	−38.3%	584	6,491	947	8,361
垂井町	−36.6%	2,084	21,817	3,286	28,505
岐阜市	−36.4%	32,617	333,349	51,303	413,136
大野町	−35.1%	1,778	19,453	2,741	23,859
羽島市	−34.9%	5,549	55,517	8,527	67,197
大垣市	−34.4%	12,887	129,646	19,651	161,160
各務原市	−32.6%	12,109	123,673	17,964	145,604
本巣市	−31.3%	2,856	30,177	4,155	35,047
池田町	−31.1%	1,973	22,061	2,863	24,980
安八町	−30.2%	1,287	12,536	1,843	15,271
笠松町	−27.3%	2,285	19,636	3,142	22,809
輪之内町	−25.1%	1,022	9,089	1,365	10,028
岐南町	−20.4%	2,731	23,097	3,430	23,804
瑞穂市	−18.4%	6,307	52,601	7,728	51,950
北方町	−16.5%	2,194	18,705	2,628	18,395
美濃加茂市	−12.1%	6,600	58,849	7,504	54,729

静岡県

	若年女性人口變化率	2040年若年女性人口	2040年総人口	2010年若年女性人口	2010年総人口
川根本町	−71.1%	138	3,600	477	8,074
東伊豆町	−68.3%	359	7,224	1,130	14,064
西伊豆町	−67.6%	206	4,097	637	9,469
熱海市	−66.8%	1,077	22,344	3,241	39,611
伊豆市	−64.6%	1,046	18,739	2,952	34,202
松崎町	−60.8%	208	4,152	531	7,653
下田市	−59.9%	819	13,716	2,041	25,013
南伊豆町	−56.4%	281	5,695	644	9,516
小山町	−55.5%	935	13,515	2,103	20,629
森町	−53.8%	890	13,240	1,926	19,435
伊東市	−51.6%	3,033	47,774	6,272	71,437
沼津市	−49.0%	11,195	135,913	21,971	202,304
牧之原市	−47.9%	2,772	34,693	5,326	49,019
御前崎市	−47.9%	2,009	26,622	3,856	34,700
菊川市	−44.8%	3,082	37,377	5,580	47,041
磐田市	−44.4%	10,895	128,727	19,583	168,625
湖西市	−43.5%	3,968	45,985	7,020	60,107
伊豆の国市	−43.0%	3,123	35,692	5,475	49,269
掛川市	−42.9%	7,777	91,080	13,629	116,363
函南町	−42.9%	2,465	29,060	4,315	38,571
河津町	−42.7%	359	4,868	627	7,998
島田市	−42.7%	6,330	74,738	11,043	100,276
三島市	−41.8%	7,535	87,176	12,950	111,838
藤枝市	−41.5%	9,471	114,892	16,186	142,151
静岡市	−40.1%	49,939	545,366	83,336	716,197
浜松市	−38.3%	59,101	651,484	95,824	800,866
富士宮市	−35.8%	9,669	106,258	15,071	132,001
富士市	−35.7%	18,789	204,998	29,241	254,027
焼津市	−34.9%	11,134	116,840	17,098	143,249
裾野市	−31.2%	4,571	49,095	6,644	54,546
清水町	−30.1%	2,901	27,457	4,148	32,302
御殿場市	−26.2%	8,203	86,168	11,114	89,030
吉田町	−25.3%	2,693	29,502	3,606	29,815
袋井市	−24.6%	8,369	80,380	11,102	84,846
長泉町	−7.1%	4,980	42,259	5,361	40,763

愛知県

	若年女性人口變化率	2040年若年女性人口	2040年総人口	2010年若年女性人口	2010年総人口
東栄町	−74.8%	47	1,516	185	3,757
設楽町	−71.5%	88	2,701	309	5,769
豊根村	−60.6%	28	654	70	1,336
南知多町	−59.4%	806	11,346	1,985	20,549
新城市	−56.5%	2,053	32,468	4,722	49,864
飛島村	−54.0%	226	2,983	491	4,525
美浜町	−51.8%	1,531	17,308	3,177	25,178
名古屋市中区	−43.7%	7,680	78,099	13,645	78,353
名古屋市南区	−43.3%	9,349	109,563	16,481	141,310
名古屋市東区	−42.8%	6,419	63,596	11,221	73,272
名古屋市港区	−40.5%	11,250	116,995	18,909	149,215
津島市	−39.0%	4,699	51,812	7,705	65,258
蟹江町	−38.7%	2,904	29,373	4,733	36,688
稲沢市	−38.0%	10,589	108,878	17,079	136,442
愛西市	−37.9%	4,590	48,622	7,397	64,978
岩倉市	−37.8%	3,940	36,850	6,337	47,340
名古屋市天白区	−37.0%	13,902	140,406	22,084	158,793
田原市	−36.9%	4,707	48,525	7,456	64,119
小牧市	−36.1%	12,529	120,300	19,606	147,132
蒲郡市	−35.2%	6,132	66,505	9,468	82,249
名古屋市北区	−33.9%	13,995	138,778	21,173	165,785
名古屋市瑞穂区	−33.8%	9,135	91,055	13,806	105,061
瀬戸市	−33.6%	10,284	107,372	15,488	132,224
名古屋市昭和区	−33.6%	10,155	97,428	15,291	105,536
名古屋市中村区	−32.3%	12,530	124,539	18,495	136,164
江南市	−30.8%	8,473	83,268	12,245	99,730
名古屋市熱田区	−30.4%	5,866	60,238	8,423	64,719
豊川市	−30.1%	15,847	155,001	22,664	181,928
豊橋市	−29.6%	33,092	334,947	46,983	376,665
常滑市	−29.1%	5,091	48,647	7,181	54,858
豊明市	−29.0%	6,505	64,188	9,166	69,745
名古屋市西区	−27.8%	14,262	133,692	19,766	144,995
知多市	−27.3%	7,750	75,029	10,654	84,768
弥富市	−27.2%	4,098	38,247	5,627	43,272
西尾市	−25.9%	14,832	148,610	20,016	165,298
半田市	−25.4%	11,458	112,119	15,357	118,828
名古屋市中川区	−25.4%	22,516	215,222	30,173	221,521
岡崎市	−24.5%	37,284	351,620	49,404	372,357

	若年女性人口変化率	2040年若年女性人口	2040年総人口	2010年若年女性人口	2010年総人口
犬山市	-24.4%	6,654	66,174	8,801	75,198
名古屋市名東区	-23.9%	17,634	155,539	23,177	161,012
一宮市	-23.8%	36,165	336,484	47,470	378,566
あま市	-23.7%	8,527	75,493	11,181	86,714
碧南市	-23.7%	6,860	64,445	8,990	72,018
尾張旭市	-23.2%	8,091	78,223	10,537	81,140
刈谷市	-22.7%	15,749	139,693	20,362	145,781
豊田市	-21.3%	43,799	401,240	55,629	421,487
名古屋市千種区	-21.1%	17,856	168,282	22,626	160,015
知立市	-20.9%	7,384	67,195	9,340	68,398
東浦町	-20.9%	4,971	48,604	6,285	49,800
春日井市	-20.1%	32,252	294,046	40,354	305,569
清須市	-17.4%	7,536	65,880	9,122	65,757
北名古屋市	-16.1%	9,522	82,251	11,343	81,571
東海市	-15.1%	11,841	104,847	13,953	107,690
武豊町	-14.9%	4,449	41,319	5,230	42,408
豊山町	-13.9%	1,699	14,264	1,974	14,405
阿久比町	-13.7%	2,721	25,712	3,153	25,466
安城市	-13.7%	21,081	188,241	24,418	178,691
扶桑町	-13.2%	3,743	32,438	4,313	33,558
名古屋市守山区	-11.5%	20,011	177,615	22,615	168,551
大口町	-11.0%	2,469	23,236	2,774	22,446
大府市	-10.5%	10,706	94,140	11,964	85,249
名古屋市緑区	-7.9%	28,542	256,088	31,000	229,592
長久手市	-7.6%	7,918	64,434	8,572	52,022
大治町	-6.9%	3,857	30,856	4,141	29,891
東郷町	-5.5%	5,349	46,165	5,661	41,851
高浜市	-2.4%	5,669	50,353	5,807	44,027
みよし市	-0.4%	7,907	67,808	7,941	60,098
幸田町	1.3%	5,538	43,520	5,466	37,930
日進市	1.8%	12,056	103,147	11,842	84,237
三重県					
大紀町	-72.8%	191	4,661	702	9,846
南伊勢町	-71.9%	249	5,683	886	14,791
熊野市	-68.9%	436	10,239	1,404	19,662
志摩市	-68.1%	1,538	29,780	4,828	54,694
紀北町	-67.4%	449	10,064	1,377	18,611
鳥羽市	-65.4%	645	11,284	1,866	21,435
尾鷲市	-64.7%	545	8,758	1,542	20,033
木曽岬町	-58.0%	327	4,682	778	6,855
御浜町	-56.2%	322	5,857	735	9,376
紀宝町	-55.8%	503	7,121	1,138	11,896
名張市	-55.3%	4,220	56,738	9,451	80,284
度会町	-54.0%	414	5,632	902	8,692
大台町	-51.3%	423	6,226	868	10,416
伊勢市	-50.5%	7,168	86,632	14,473	130,271
東員町	-47.1%	1,623	19,305	3,067	25,661
伊賀市	-46.3%	5,560	67,014	10,353	97,207
松阪市	-37.1%	12,456	134,262	19,813	168,017
津市	-36.2%	21,472	227,194	33,662	285,746
多気町	-34.9%	1,010	11,897	1,552	15,438
いなべ市	-33.9%	3,407	36,030	5,157	45,684
明和町	-32.8%	1,751	18,896	2,606	22,833
四日市市	-31.0%	26,305	267,278	38,096	307,766

	若年女性人口変化率	2040年若年女性人口	2040年総人口	2010年若年女性人口	2010年総人口
桑名市	-30.1%	11,990	121,563	17,150	140,290
鈴鹿市	-22.7%	19,460	191,500	25,189	199,293
亀山市	-20.1%	5,133	51,404	6,421	51,023
菰野町	-17.1%	3,877	37,931	4,676	39,978
川越町	-16.6%	1,689	15,980	2,025	14,003
朝日町	-14.8%	1,266	9,951	1,486	9,626
玉城町	-13.7%	1,565	14,718	1,814	15,297
滋賀県					
甲良町	-65.5%	301	3,965	872	7,500
多賀町	-56.7%	344	4,906	794	7,761
竜王町	-52.3%	687	8,824	1,439	12,916
湖南市	-48.9%	3,680	41,918	7,205	54,614
高島市	-48.8%	2,687	37,410	5,244	52,486
日野町	-42.5%	1,480	19,396	2,571	22,870
甲賀市	-41.5%	6,344	72,262	10,852	92,704
米原市	-39.2%	2,702	30,378	4,444	40,060
東近江市	-38.4%	8,633	92,156	14,013	115,479
長浜市	-38.3%	9,107	102,380	14,766	124,131
彦根市	-30.3%	10,201	102,934	14,639	112,156
野洲市	-27.7%	4,635	43,953	6,412	49,955
近江八幡市	-27.2%	7,612	72,780	10,457	81,738
大津市	-23.9%	33,096	335,765	43,514	337,634
豊郷町	-23.5%	675	6,975	883	7,566
愛荘町	-18.2%	2,227	19,598	2,723	20,118
栗東市	-8.4%	8,895	71,279	9,705	63,655
草津市	-8.2%	17,055	149,088	18,586	130,874
守山市	-5.6%	10,228	89,928	10,840	76,560
京都府					
南山城村	-83.0%	42	1,223	244	3,078
笠置町	-79.3%	27	693	129	1,626
和束町	-74.2%	103	2,114	398	4,482
伊根町	-68.9%	39	1,030	127	2,410
井手町	-63.3%	344	4,949	937	8,447
京丹波町	-61.7%	461	8,563	1,205	15,732
宮津市	-59.1%	619	10,613	1,516	19,948
京丹後市	-56.4%	2,101	34,692	4,820	59,038
南丹市	-55.8%	1,533	23,667	3,471	35,214
与謝野町	-55.0%	929	13,558	2,063	23,454
綾部市	-51.6%	1,578	22,227	3,260	35,836
久御山町	-51.1%	954	10,101	1,951	15,914
城陽市	-51.0%	4,737	55,907	9,663	80,037
宇治田原町	-48.5%	520	7,019	1,008	9,711
亀岡市	-47.8%	5,863	69,463	11,224	92,399
京都市東山区	-47.7%	3,340	28,915	6,387	40,528
京都市西京区	-46.4%	11,229	122,033	20,933	152,974
京都市北区	-45.9%	8,531	101,082	15,772	122,037
舞鶴市	-45.9%	4,824	61,452	8,917	88,669
福知山市	-44.2%	4,606	56,034	8,261	79,652
京都市伏見区	-42.2%	21,938	237,042	37,987	284,085
向日市	-42.0%	4,083	40,775	7,039	54,328
京都市山科区	-41.9%	10,680	116,177	18,382	136,045
京都市左京区	-40.5%	13,820	147,808	23,224	168,802
八幡市	-40.4%	5,465	59,218	9,167	74,227

	若年女性人口變化率	2040年若年女性人口	2040年総人口	2010年若年女性人口	2010年総人口
京都市右京区	-39.5%	16,890	178,962	27,933	202,943
京都市中京区	-38.7%	10,128	98,121	16,532	105,306
宇治市	-37.4%	15,002	153,667	23,957	189,609
京都市上京区	-34.8%	8,580	75,578	13,158	83,264
大山崎町	-31.5%	1,273	11,700	1,857	15,121
京都市南区	-29.1%	9,640	87,734	13,600	98,744
長岡京市	-27.2%	7,533	71,458	10,347	79,844
京都市下京区	-26.0%	10,781	88,106	14,567	79,287
京田辺市	-25.8%	6,568	66,406	8,855	67,910
精華町	-14.2%	3,938	36,147	4,589	35,630
木津川市	3.7%	9,896	84,958	9,539	69,761
大阪府					
能勢町	-81.4%	191	5,740	1,026	11,650
豊能町	-79.8%	439	11,205	2,171	21,989
千早赤阪村	-73.5%	155	3,002	585	6,015
河内長野市	-59.8%	5,185	72,246	12,898	112,490
河南町	-58.1%	812	11,851	1,938	17,040
岬町	-56.8%	770	10,190	1,780	17,504
富田林市	-56.8%	6,224	79,797	14,394	119,576
大阪市西成区	-55.3%	4,750	62,616	10,628	121,972
大阪市大正区	-54.3%	3,656	44,840	7,996	69,510
大阪市住之江区	-53.6%	7,420	92,019	16,002	127,210
大阪市中央区	-53.6%	7,688	78,699	16,567	78,687
柏原市	-53.4%	4,486	51,362	9,625	74,773
寝屋川市	-50.9%	14,268	171,023	29,085	238,204
大阪市浪速区	-50.0%	6,116	56,643	12,236	61,745
阪南市	-49.7%	3,355	40,734	6,669	56,646
東大阪市	-49.5%	31,281	376,272	62,004	509,533
大阪市旭区	-49.1%	5,932	69,993	11,657	92,455
大阪市生野区	-47.6%	8,714	99,967	16,622	134,009
枚方市	-45.9%	28,294	338,612	52,252	407,978
太子町	-45.1%	871	10,421	1,586	14,220
大阪市東淀川区	-43.4%	15,750	141,857	27,825	176,585
大阪市住吉区	-43.1%	11,687	123,719	20,543	155,572
大阪市福島区	-42.3%	6,837	62,776	11,841	67,290
大阪狭山市	-41.9%	4,385	47,362	7,548	58,227
大阪市東住吉区	-41.6%	9,541	98,322	16,326	130,724
松原市	-41.5%	8,548	89,925	14,612	124,594
大阪市此花区	-41.3%	4,925	49,415	8,395	65,569
門真市	-41.3%	9,584	97,051	16,327	130,282
池田市	-41.1%	7,870	80,400	13,362	104,229
羽曳野市	-40.4%	8,577	91,883	14,381	117,681
摂津市	-40.3%	6,749	63,840	11,313	83,720
箕面市	-40.2%	10,276	116,353	17,179	129,895
島本町	-39.3%	2,171	24,033	3,579	28,935
大東市	-38.8%	9,781	102,036	15,983	127,534
大阪市西区	-38.8%	10,997	95,346	17,969	83,058
八尾市	-38.8%	20,083	210,162	32,794	271,460
高石市	-38.4%	4,517	43,829	7,328	59,572
守口市	-37.7%	11,241	112,837	18,055	146,697
大阪市港区	-37.1%	7,395	65,617	11,762	84,947
交野市	-36.7%	5,963	62,718	9,415	77,686
大阪市淀川区	-36.6%	17,229	159,108	27,160	172,078
泉大津市	-36.2%	6,620	61,658	10,369	77,548

	若年女性人口變化率	2040年若年女性人口	2040年総人口	2010年若年女性人口	2010年総人口
大阪市東成区	-34.9%	7,528	74,528	11,563	80,231
藤井寺市	-34.7%	5,561	55,884	8,519	66,165
大阪市阿倍野区	-34.6%	9,216	92,880	14,084	106,350
熊取町	-34.1%	3,681	38,538	5,589	45,069
岸和田市	-33.8%	16,418	158,312	24,786	199,234
大阪市平野区	-33.5%	16,496	165,729	24,819	200,005
四條畷市	-33.5%	4,821	47,110	7,252	57,554
吹田市	-33.4%	32,382	302,692	48,592	355,798
大阪市都島区	-31.8%	10,523	98,266	15,421	102,632
泉南市	-31.5%	5,334	52,824	7,782	64,403
貝塚市	-29.2%	7,874	75,543	11,125	90,519
豊中市	-28.3%	36,678	331,967	51,179	389,341
堺市	-27.9%	77,910	741,642	108,046	841,966
高槻市	-27.8%	33,850	320,434	46,877	357,359
茨木市	-27.8%	27,946	257,142	38,680	274,822
泉佐野市	-27.4%	9,649	91,264	13,298	100,801
大阪市西淀川区	-26.0%	9,537	92,479	12,892	97,504
大阪市城東区	-25.7%	17,562	164,315	23,630	165,832
和泉市	-23.6%	17,948	180,680	23,505	184,988
忠岡町	-22.9%	1,731	16,516	2,244	18,149
大阪市天王寺区	-17.2%	9,290	82,905	11,222	69,775
大阪市北区	-17.0%	16,960	136,564	20,426	110,392
大阪市鶴見区	-14.8%	13,712	113,483	16,098	111,182
田尻町	3.8%	1,150	8,531	1,108	8,085
兵庫県					
新温泉町	-70.0%	356	8,099	1,185	16,004
佐用町	-68.2%	494	10,043	1,555	19,265
上郡町	-65.1%	562	9,723	1,611	16,636
朝来市	-63.5%	1,095	20,458	3,001	32,814
香美町	-63.0%	564	10,196	1,527	19,696
神河町	-61.7%	427	7,055	1,116	12,289
多可町	-58.9%	868	14,470	2,112	23,104
淡路市	-58.7%	1,800	28,251	4,360	46,459
篠山市	-58.7%	1,807	28,359	4,371	43,263
洲本市	-58.5%	1,930	27,987	4,654	47,254
養父市	-58.3%	910	15,840	2,180	26,501
三木市	-56.2%	3,919	53,176	8,954	81,009
相生市	-55.4%	1,414	19,766	3,169	31,158
宍粟市	-55.0%	1,837	24,947	4,084	40,938
市川町	-54.7%	594	7,809	1,313	13,288
加西市	-54.7%	2,308	33,598	5,093	47,993
稲美町	-53.7%	1,635	20,759	3,532	31,026
南あわじ市	-53.6%	2,200	31,551	4,742	49,834
神戸市須磨区	-51.4%	10,249	126,584	21,069	167,475
福崎町	-51.3%	1,268	15,604	2,604	19,830
丹波市	-50.4%	3,242	44,965	6,536	67,757
豊岡市	-48.8%	4,212	57,127	8,223	85,592
尼崎市	-48.3%	30,586	324,954	59,163	453,748
三田市	-45.4%	7,449	97,668	13,645	114,216
播磨町	-44.9%	2,318	24,726	4,207	33,183
西脇市	-44.8%	2,420	30,110	4,383	42,802
赤穂市	-44.4%	3,167	36,562	5,695	50,523
高砂市	-43.2%	6,512	72,448	11,473	93,901
神戸市長田区	-42.8%	6,749	79,194	11,802	101,624

	若年女性人口変化率	2040年若年女性人口	2040年総人口	2010年若年女性人口	2010年総人口
神戸市垂水区	-40.3%	16,157	179,804	27,079	220,411
たつの市	-39.9%	5,612	61,844	9,335	80,518
神戸市西区	-38.8%	19,712	233,220	32,217	249,298
明石市	-38.6%	22,456	233,705	36,573	290,959
加古川市	-38.3%	20,811	216,001	33,739	266,937
神戸市北区	-37.9%	17,079	195,229	27,507	226,836
猪名川町	-37.4%	2,315	28,893	3,697	31,739
川西市	-37.3%	11,687	120,999	18,644	156,423
姫路市	-33.6%	44,530	440,491	67,093	536,270
小野市	-32.0%	4,102	41,817	6,034	49,680
神戸市兵庫区	-30.2%	9,631	99,728	13,801	108,304
神戸市東灘区	-27.6%	21,343	195,194	29,473	210,408
宝塚市	-27.4%	20,883	206,938	28,766	225,700
加東市	-26.4%	3,703	35,284	5,028	40,181
伊丹市	-25.0%	19,509	178,927	26,026	196,127
西宮市	-21.5%	54,406	476,998	69,278	482,640
神戸市灘区	-20.9%	15,493	132,043	19,587	133,451
神戸市中央区	-20.9%	16,282	140,718	20,584	126,393
芦屋市	-20.3%	9,605	90,659	12,055	93,238
太子町	-20.0%	3,571	30,969	4,465	33,438
奈良県					
川上村	-89.0%	8	457	73	1,643
吉野町	-84.4%	105	3,063	670	8,642
東吉野村	-82.7%	16	631	91	2,143
曽爾村	-80.6%	33	826	171	1,895
下市町	-75.9%	138	3,047	570	7,020
山添村	-74.3%	74	1,848	289	4,107
明日香村	-73.1%	151	3,088	561	5,856
宇陀市	-72.0%	934	17,165	3,338	34,227
五條市	-69.3%	1,028	17,695	3,351	34,460
御杖村	-67.8%	39	888	121	2,102
上牧町	-66.9%	907	14,316	2,739	23,728
安堵町	-66.1%	316	5,085	930	7,929
上北山村	-65.4%	15	279	43	683
御所市	-65.3%	1,027	16,408	2,961	30,287
河合町	-64.6%	715	10,997	2,018	18,531
野迫川村	-63.6%	15	186	40	524
黒滝村	-61.8%	19	326	51	840
大淀町	-58.5%	853	12,167	2,058	19,176
天川村	-58.0%	27	581	65	1,572
十津川村	-57.8%	93	2,000	220	4,107
川西町	-57.1%	415	5,052	967	8,653
下北山村	-57.0%	20	494	47	1,039
大和高田市	-55.3%	3,634	44,623	8,125	68,451
平群町	-54.2%	955	13,066	2,088	19,727
高取町	-53.3%	334	5,034	715	7,657
大和郡山市	-50.3%	5,269	60,245	10,591	89,023
三宅町	-49.6%	408	4,576	810	7,440
王寺町	-49.0%	1,464	15,487	2,872	22,182
三郷町	-45.7%	1,566	16,475	2,887	23,440
桜井市	-45.6%	3,907	45,281	7,188	60,146
奈良市	-45.6%	25,017	280,263	45,997	366,591
田原本町	-45.5%	2,110	22,505	3,873	32,121
天理市	-43.2%	5,231	51,448	9,207	69,178

	若年女性人口変化率	2040年若年女性人口	2040年総人口	2010年若年女性人口	2010年総人口
橿原市	-37.2%	10,263	105,629	16,333	125,605
斑鳩町	-34.7%	2,214	21,621	3,392	27,734
広陵町	-32.7%	2,734	27,769	4,065	33,070
生駒市	-25.9%	11,339	112,910	15,300	118,113
葛城市	-25.6%	3,390	32,666	4,559	35,859
香芝市	-1.8%	9,992	83,551	10,175	75,227
和歌山県					
高野町	-83.0%	47	1,680	276	3,975
紀美野町	-78.8%	170	4,694	804	10,391
すさみ町	-78.5%	62	2,138	287	4,730
湯浅町	-75.5%	333	6,161	1,361	13,210
由良町	-73.6%	143	2,958	544	6,508
串本町	-73.4%	333	8,940	1,249	18,249
太地町	-73.2%	64	1,659	238	3,250
古座川町	-69.0%	50	1,501	160	3,103
九度山町	-68.0%	146	2,251	455	4,963
かつらぎ町	-63.8%	608	9,695	1,683	18,230
新宮市	-61.5%	1,119	17,639	2,908	31,498
那智勝浦町	-61.1%	526	9,222	1,351	17,080
日高川町	-59.8%	365	6,279	906	10,509
有田市	-59.8%	1,261	18,630	3,134	30,592
美浜町	-58.6%	322	5,061	776	8,077
印南町	-57.2%	327	5,020	763	8,606
海南市	-56.4%	2,388	33,374	5,472	54,783
北山村	-53.8%	11	261	24	486
橋本市	-53.5%	3,451	45,550	7,427	66,361
田辺市	-53.4%	3,811	52,061	8,179	79,119
みなべ町	-53.0%	610	8,573	1,298	13,470
有田川町	-52.4%	1,203	17,776	2,525	27,162
紀の川市	-50.2%	3,440	45,893	6,911	65,840
広川町	-47.8%	426	5,021	815	7,714
御坊市	-47.0%	1,463	18,120	2,759	26,111
白浜町	-45.2%	1,156	15,122	2,109	22,696
和歌山市	-43.0%	24,431	275,829	42,844	370,364
日高町	-39.1%	441	6,157	724	7,432
上富田町	-34.6%	1,149	12,123	1,756	14,807
岩出市	-26.9%	4,992	50,228	6,833	52,882
鳥取県					
若桜町	-81.3%	54	1,570	290	3,873
智頭町	-75.4%	142	3,398	578	7,718
日南町	-67.6%	87	2,419	269	5,460
伯耆町	-63.7%	362	7,033	998	11,621
大山町	-63.3%	571	9,606	1,556	17,491
岩美町	-60.8%	454	7,041	1,157	12,362
江府町	-60.5%	90	1,765	228	3,379
八頭町	-60.3%	699	11,628	1,763	18,427
日野町	-58.9%	94	1,731	228	3,745
三朝町	-57.6%	251	3,884	593	7,015
琴浦町	-52.0%	802	11,792	1,670	18,531
北栄町	-51.0%	736	10,381	1,503	15,442
南部町	-50.9%	533	7,285	1,085	11,536
湯梨浜町	-49.6%	871	12,223	1,727	17,029
倉吉市	-49.3%	2,694	34,829	5,319	50,720

	若年女性人口変化率	2040年若年女性人口	2040年総人口	2010年若年女性人口	2010年総人口
境港市	-49.2%	1,920	23,845	3,777	35,259
鳥取市	-44.9%	12,603	149,315	22,869	197,449
米子市	-41.0%	10,373	116,142	17,589	148,271
日吉津村	6.8%	450	3,657	422	3,339

島根県

	若年女性人口変化率	2040年若年女性人口	2040年総人口	2010年若年女性人口	2010年総人口
津和野町	-77.5%	121	3,451	536	8,427
西ノ島町	-74.3%	54	1,545	209	3,136
奥出雲町	-69.5%	314	7,382	1,030	14,456
隠岐の島町	-67.8%	383	8,040	1,190	15,521
吉賀町	-66.1%	156	3,669	460	6,810
海士町	-64.3%	52	1,294	145	2,374
大田市	-60.3%	1,254	21,532	3,159	37,996
川本町	-59.6%	108	1,917	267	3,900
美郷町	-59.4%	134	2,440	330	5,351
邑南町	-58.4%	334	6,781	801	11,959
江津市	-57.2%	965	14,001	2,256	25,697
益田市	-54.5%	2,042	30,728	4,492	50,015
雲南市	-53.6%	1,707	25,793	3,681	41,917
浜田市	-52.2%	2,758	38,685	5,766	61,713
知夫村	-51.8%	13	337	27	657
安来市	-51.0%	1,950	26,944	3,981	41,836
飯南町	-48.9%	184	2,976	361	5,534
松江市	-43.9%	13,232	163,474	23,588	208,613
出雲市	-34.7%	12,288	133,354	18,820	171,485

岡山県

	若年女性人口変化率	2040年若年女性人口	2040年総人口	2010年若年女性人口	2010年総人口
高梁市	-70.7%	910	18,290	3,103	34,963
備前市	-60.1%	1,412	20,986	3,539	37,839
吉備中央町	-58.2%	413	7,681	990	13,033
笠岡市	-57.8%	2,234	34,032	5,290	54,225
玉野市	-55.4%	2,886	41,691	6,475	64,588
奈義町	-55.3%	233	3,616	521	6,085
新庄村	-53.4%	31	563	66	957
美咲町	-53.1%	615	9,370	1,310	15,642
新見市	-53.1%	1,287	19,972	2,741	33,870
美作市	-52.3%	1,236	18,005	2,590	30,498
真庭市	-52.1%	1,942	29,941	4,055	48,964
和気町	-51.0%	691	9,469	1,411	15,362
瀬戸内市	-50.5%	1,956	26,136	3,948	37,852
西粟倉村	-50.2%	69	1,008	138	1,520
津山市	-49.3%	6,062	73,674	11,959	106,788
浅口市	-47.9%	1,908	24,822	3,663	36,114
久米南町	-46.4%	189	3,056	353	5,296
赤磐市	-42.7%	2,683	32,812	4,685	43,458
総社市	-39.8%	4,833	53,045	8,022	66,201
鏡野町	-39.2%	735	9,329	1,209	13,580
井原市	-39.1%	2,580	31,906	4,237	43,927
矢掛町	-37.7%	857	10,442	1,377	15,092
勝央町	-28.6%	877	9,103	1,228	11,195
倉敷市	-28.1%	43,917	422,884	61,060	475,513
岡山市	-26.1%	71,481	657,293	96,664	709,584
里庄町	-21.9%	974	9,526	1,247	10,916
早島町	-19.3%	1,296	11,542	1,605	12,214

広島県

	若年女性人口変化率	2040年若年女性人口	2040年総人口	2010年若年女性人口	2010年総人口
神石高原町	-74.5%	144	4,671	566	10,350
安芸太田町	-71.7%	115	2,892	408	7,255
江田島市	-68.2%	662	12,078	2,078	27,031
竹原市	-64.4%	900	15,680	2,530	28,644
大竹市	-60.1%	1,157	17,818	2,902	28,836
府中市	-59.6%	1,561	24,822	3,865	42,563
庄原市	-55.5%	1,319	23,052	2,960	40,244
安芸高田市	-53.7%	1,224	20,148	2,643	31,487
大崎上島町	-52.3%	221	3,935	463	8,448
廿日市市	-52.0%	6,487	86,506	13,526	114,038
北広島町	-52.0%	734	13,068	1,531	19,969
広島市安佐北区	-50.3%	8,555	111,331	17,214	149,633
世羅町	-49.8%	686	10,319	1,365	17,549
三次市	-49.0%	2,676	37,777	5,249	56,605
熊野町	-48.4%	1,341	16,475	2,599	24,533
呉市	-48.2%	12,794	151,551	24,678	239,973
三原市	-47.0%	5,516	68,457	10,404	100,509
海田町	-44.7%	2,167	20,940	3,917	28,475
尾道市	-43.8%	7,924	99,224	14,094	145,202
広島市中区	-43.1%	11,459	117,081	20,123	130,482
広島市佐伯区	-37.9%	10,510	121,892	16,938	135,280
福山市	-37.8%	34,541	382,874	55,491	461,357
広島市南区	-37.7%	11,857	121,289	19,024	138,190
府中町	-37.4%	4,085	39,702	6,522	50,442
広島市東区	-36.1%	9,814	101,623	15,365	120,751
広島市西区	-28.9%	19,662	172,593	27,646	186,985
東広島市	-27.8%	17,793	185,535	24,638	190,135
広島市安芸区	-18.8%	7,919	77,295	9,749	78,789
坂町	-18.0%	1,345	12,140	1,641	13,262
広島市安佐南区	-1.8%	33,622	275,118	34,226	233,733

山口県

	若年女性人口変化率	2040年若年女性人口	2040年総人口	2010年若年女性人口	2010年総人口
周防大島町	-75.7%	271	8,030	1,116	19,084
阿武町	-72.2%	62	1,594	224	3,743
萩市	-66.0%	1,503	27,254	4,421	53,747
長門市	-62.7%	1,206	20,378	3,232	38,349
上関町	-58.6%	73	1,275	176	3,332
平生町	-54.7%	536	9,337	1,184	13,491
美祢市	-53.8%	1,165	18,870	2,520	28,630
下関市	-48.4%	15,361	188,740	29,790	280,947
宇部市	-47.8%	10,236	123,379	19,602	173,772
柳井市	-46.8%	1,686	23,433	3,171	34,730
光市	-46.5%	2,829	37,358	5,291	53,004
岩国市	-45.4%	8,087	94,653	14,808	143,857
周南市	-45.1%	8,669	108,326	15,804	149,487
山陽小野田市	-44.8%	3,765	45,181	6,818	64,550
田布施町	-43.9%	911	11,483	1,623	15,986
山口市	-36.6%	15,101	157,760	23,814	196,628
防府市	-29.0%	9,274	97,375	13,071	116,611
和木町	-28.3%	518	5,123	722	6,378
下松市	-20.1%	5,117	50,529	6,406	55,012

	若年女性人口変化率	2040年若年女性人口	2040年総人口	2010年若年女性人口	2010年総人口
徳島県					
那賀町	-83.7%	85	3,320	522	9,318
神山町	-82.6%	60	2,181	344	6,038
三好市	-77.9%	471	11,753	2,137	29,951
美波町	-76.6%	116	3,197	493	7,765
佐那河内村	-71.6%	61	1,359	215	2,588
つるぎ町	-71.3%	207	4,410	722	10,490
牟岐町	-69.0%	89	2,104	286	4,826
勝浦町	-66.1%	162	2,850	479	5,765
海陽町	-65.9%	250	5,044	733	10,446
上勝町	-63.4%	38	844	104	1,783
東みよし町	-63.0%	505	9,987	1,363	15,044
美馬市	-62.3%	1,135	18,834	3,013	32,484
阿波市	-57.7%	1,649	24,154	3,894	39,247
上板町	-55.4%	628	8,611	1,408	12,727
板野町	-53.0%	763	10,481	1,625	14,241
吉野川市	-52.9%	2,069	29,380	4,393	44,020
小松島市	-50.5%	2,208	26,937	4,459	40,614
鳴門市	-49.6%	3,435	43,199	6,814	61,513
徳島市	-49.1%	16,614	201,643	32,639	264,548
石井町	-44.4%	1,620	20,287	2,913	25,954
阿南市	-43.2%	4,510	55,005	7,943	76,063
松茂町	-36.6%	1,217	12,989	1,920	15,070
藍住町	-32.4%	3,192	30,991	4,723	33,338
北島町	-28.5%	2,016	21,225	2,820	21,658
香川県					
土庄町	-70.7%	360	7,755	1,227	15,123
東かがわ市	-65.5%	1,013	18,042	2,938	33,625
小豆島町	-64.9%	450	8,717	1,282	16,152
さぬき市	-58.2%	2,246	33,321	5,376	53,000
直島町	-57.2%	144	1,950	336	3,325
琴平町	-52.8%	417	5,747	884	9,967
綾川町	-52.0%	1,152	16,172	2,402	24,625
善通寺市	-50.3%	1,919	22,492	3,857	33,817
観音寺市	-50.2%	3,272	42,090	6,568	62,690
まんのう町	-48.4%	919	12,550	1,781	19,087
三豊市	-47.9%	3,522	46,236	6,764	68,512
坂出市	-45.9%	3,197	38,681	5,908	55,621
三木町	-41.9%	2,030	21,951	3,493	28,464
多度津町	-41.1%	1,403	18,622	2,381	23,498
高松市	-40.5%	30,066	342,083	50,561	419,429
丸亀市	-33.8%	8,470	92,344	12,803	110,473
宇多津町	-9.8%	2,409	20,193	2,672	18,434
愛媛県					
愛南町	-79.0%	357	10,396	1,700	24,061
久万高原町	-76.4%	134	3,863	570	9,644
伊方町	-68.5%	212	5,029	673	10,882
松野町	-64.7%	106	2,263	300	4,377
八幡浜市	-64.4%	1,106	20,295	3,111	38,370
上島町	-63.8%	151	4,109	417	7,648
大洲市	-61.4%	1,724	26,182	4,467	47,157
西予市	-61.4%	1,238	23,358	3,207	42,080
内子町	-61.3%	542	9,794	1,400	18,045
鬼北町	-59.1%	319	6,542	780	11,633
宇和島市	-57.9%	3,063	47,344	7,280	84,210
今治市	-54.9%	7,766	105,242	17,209	166,532
砥部町	-54.2%	1,176	16,109	2,569	21,981
伊予市	-49.0%	2,054	25,812	4,025	38,017
四国中央市	-47.8%	4,924	63,063	9,432	90,187
西条市	-41.8%	6,730	86,806	11,572	112,091
松前町	-41.1%	2,032	23,685	3,450	30,359
新居浜市	-41.0%	7,610	89,899	12,890	121,735
松山市	-37.2%	42,980	435,156	68,468	517,231
東温市	-35.5%	2,714	29,269	4,206	35,253
高知県					
室戸市	-83.4%	156	4,868	941	15,210
大月町	-81.3%	65	2,477	348	5,783
大豊町	-80.2%	41	1,487	209	4,719
四万十町	-71.9%	363	8,852	1,295	18,733
黒潮町	-71.0%	261	6,095	900	12,366
東洋町	-69.9%	52	1,192	172	2,947
檮原町	-69.4%	82	2,085	269	3,984
宿毛市	-69.1%	643	11,970	2,081	22,610
日高村	-67.3%	156	3,285	478	5,447
仁淀川町	-67.2%	110	2,593	336	6,500
土佐清水市	-66.9%	361	8,141	1,091	16,029
安田町	-66.3%	66	1,362	196	2,970
越知町	-65.9%	159	3,350	466	6,374
いの町	-65.9%	726	13,394	2,128	25,062
中土佐町	-65.8%	183	3,728	537	7,584
四万十市	-64.4%	1,208	21,563	3,397	35,933
須崎市	-63.0%	751	14,889	2,029	24,698
三原村	-62.8%	36	930	98	1,681
田野町	-60.7%	86	1,595	219	2,932
津野町	-56.3%	205	3,586	469	6,407
馬路村	-54.6%	38	525	83	1,013
北川村	-50.8%	48	791	97	1,367
芸西村	-50.3%	167	2,533	337	4,048
土佐町	-49.7%	137	2,669	272	4,358
佐川町	-49.7%	597	9,282	1,186	13,951
本山町	-49.5%	160	2,494	317	4,103
香美市	-48.6%	1,276	19,204	2,481	28,766
大川村	-48.0%	12	200	24	411
安芸市	-47.4%	937	12,465	1,781	19,547
土佐市	-46.1%	1,526	18,833	2,829	28,686
高知市	-46.0%	23,139	259,169	42,886	343,393
南国市	-45.3%	3,129	36,138	5,725	49,472
奈半利町	-41.0%	164	2,045	278	3,542
香南市	-37.9%	2,156	28,609	3,474	33,830
福岡県					
鞍手町	-68.1%	534	9,429	1,676	17,088
川崎町	-67.9%	609	8,905	1,895	18,264
小竹町	-64.3%	305	4,615	854	8,602
東峰村	-63.3%	55	1,274	149	2,432
嘉麻市	-61.1%	1,612	23,246	4,148	42,589

	若年女性人口變化率	2040年若年女性人口	2040年総人口	2010年若年女性人口	2010年総人口
みやこ町	-60.4%	760	12,923	1,921	21,572
水巻町	-60.0%	1,361	20,116	3,403	30,021
みやま市	-59.3%	1,559	23,922	3,833	40,732
八女市	-57.7%	2,793	42,237	6,605	69,057
桂川町	-57.4%	652	8,960	1,531	13,863
中間市	-57.3%	1,985	25,922	4,652	44,210
添田町	-57.1%	395	5,897	920	10,909
大牟田市	-56.9%	5,227	73,408	12,134	123,638
芦屋町	-56.8%	717	9,214	1,660	15,369
香春町	-56.5%	466	6,572	1,071	11,685
築上町	-56.3%	845	11,296	1,932	19,544
朝倉市	-55.5%	2,607	36,005	5,854	56,355
赤村	-53.9%	139	2,283	301	3,251
柳川市	-53.4%	3,554	46,686	7,627	71,375
大川市	-53.0%	1,821	23,625	3,874	37,448
福智町	-52.0%	1,237	17,116	2,577	24,714
北九州市八幡東区	-51.0%	3,641	47,795	7,430	71,801
北九州市門司区	-49.9%	5,234	71,435	10,450	104,469
糸田町	-49.8%	498	5,774	993	9,617
うきは市	-49.5%	1,678	21,941	3,324	31,640
直方市	-47.3%	3,339	40,772	6,337	57,686
久留米市	-46.4%	20,337	233,980	37,927	302,402
北九州市戸畑区	-46.4%	3,521	44,593	6,566	61,583
北九州市若松区	-46.1%	4,827	63,762	8,948	85,167
豊前市	-45.8%	1,438	18,311	2,654	27,031
上毛町	-45.2%	398	5,217	727	7,852
福津市	-44.1%	3,542	44,053	6,337	55,431
大任町	-44.0%	311	3,748	555	5,503
苅田町	-43.4%	2,504	28,019	4,428	36,005
春日市	-42.6%	8,268	82,185	14,396	106,780
宇美町	-41.9%	2,761	30,138	4,753	38,592
糸島市	-41.8%	6,676	82,088	11,462	98,435
遠賀町	-41.2%	1,322	14,681	2,248	19,160
福岡市南区	-40.8%	22,605	217,868	38,159	247,096
北九州市小倉北区	-40.7%	13,908	149,430	23,469	181,936
筑前町	-40.7%	1,921	23,766	3,236	29,155
行橋市	-38.8%	4,955	57,486	8,091	70,468
福岡市城南区	-38.6%	12,007	119,083	19,550	128,659
飯塚市	-38.2%	9,328	102,317	15,089	131,492
福岡市中央区	-37.6%	22,401	186,090	35,890	178,429
福岡市東区	-37.2%	27,517	271,634	43,810	292,199
宗像市	-35.8%	7,664	83,619	11,930	95,501
宮若市	-35.2%	2,071	22,389	3,198	30,081
北九州市八幡西区	-35.1%	20,387	211,345	31,432	257,097
北九州市小倉南区	-35.1%	17,559	184,301	27,053	214,793
吉富町	-34.4%	491	4,681	748	6,792
福岡市早良区	-34.1%	19,828	192,436	30,068	211,553
小郡市	-30.6%	4,628	52,392	6,671	58,499
筑後市	-30.2%	4,058	43,183	5,812	48,512
篠栗町	-28.8%	2,940	28,093	4,127	31,318
筑紫野市	-27.1%	9,931	96,698	13,619	100,172
大刀洗町	-27.0%	1,440	13,097	1,974	15,284
古賀市	-26.5%	5,591	56,833	7,608	57,920
田川市	-26.2%	4,060	38,637	5,504	50,605
大木町	-24.9%	1,342	12,474	1,786	14,350

	若年女性人口變化率	2040年若年女性人口	2040年総人口	2010年若年女性人口	2010年総人口
大野城市	-21.7%	10,516	91,739	13,434	95,087
広川町	-20.7%	1,897	17,546	2,391	20,253
須恵町	-20.7%	2,659	24,158	3,352	26,044
福岡市博多区	-20.2%	30,974	247,078	38,792	212,527
久山町	-20.1%	831	7,872	1,040	8,373
岡垣町	-18.2%	2,903	29,556	3,549	32,119
太宰府市	-17.5%	8,065	73,742	9,777	70,482
那珂川町	-11.0%	6,132	54,355	6,891	49,780
新宮町	-9.1%	3,292	27,700	3,623	24,679
福岡市西区	-8.6%	24,255	231,081	26,536	193,280
志免町	4.8%	6,684	51,398	6,378	43,564
粕屋町	11.3%	7,766	57,173	6,977	41,997
佐賀県					
太良町	-64.8%	290	5,284	823	9,842
基山町	-62.1%	804	12,317	2,119	17,837
玄海町	-59.1%	233	3,969	571	6,379
大町町	-57.1%	278	4,234	647	7,369
みやき町	-55.2%	1,222	17,303	2,730	26,175
多久市	-55.1%	966	13,287	2,152	21,404
嬉野市	-53.3%	1,357	19,475	2,903	28,984
白石町	-50.6%	1,205	16,369	2,441	25,607
鹿島市	-47.5%	1,714	20,469	3,265	30,720
有田町	-44.7%	1,134	14,427	2,051	20,929
神埼市	-44.6%	2,068	25,216	3,735	32,899
唐津市	-43.3%	7,708	88,947	13,586	126,926
武雄市	-42.6%	3,081	38,635	5,365	50,699
佐賀市	-41.0%	16,875	184,817	28,624	237,506
伊万里市	-40.1%	3,541	43,192	5,908	57,161
小城市	-38.7%	3,233	35,258	5,277	45,133
江北町	-35.1%	720	7,966	1,109	9,515
上峰町	-27.9%	870	8,316	1,206	9,224
吉野ヶ里町	-24.9%	1,596	15,391	2,125	16,405
鳥栖市	-2.4%	9,180	77,944	9,406	69,074
長崎県					
新上五島町	-80.4%	289	8,549	1,470	22,074
五島市	-75.9%	711	19,201	2,949	40,622
小値賀町	-75.6%	32	1,075	131	2,849
対馬市	-75.2%	691	14,076	2,792	34,407
平戸市	-70.9%	736	16,398	2,530	34,905
東彼杵町	-69.6%	243	4,938	797	8,903
西海市	-65.6%	830	17,025	2,412	31,176
南島原市	-63.0%	1,536	28,003	4,151	50,363
壱岐市	-61.5%	886	16,341	2,303	29,377
松浦市	-59.7%	871	14,102	2,161	25,145
雲仙市	-58.0%	1,818	29,156	4,333	47,245
島原市	-57.9%	1,829	29,215	4,343	47,455
諫早市	-50.2%	7,943	103,407	15,940	140,752
川棚町	-48.9%	831	10,100	1,628	14,651
長崎市	-48.8%	26,447	319,106	51,695	443,766
佐世保市	-46.5%	15,389	182,433	28,740	261,101
波佐見町	-41.3%	919	11,987	1,565	15,227
佐々町	-36.4%	1,033	11,336	1,623	13,599
長与町	-35.7%	3,545	36,835	5,514	42,535

	若年女性人口変化率	2040年若年女性人口	2040年総人口	2010年若年女性人口	2010年総人口
大村市	-23.6%	8,615	86,449	11,275	90,517
時津町	-18.9%	3,280	29,209	4,045	30,110
熊本県					
五木村	-75.5%	17	398	71	1,205
山都町	-74.2%	256	7,889	994	16,981
小国町	-72.1%	165	3,952	593	7,877
球磨村	-70.7%	77	1,726	262	4,249
美里町	-66.2%	291	6,223	859	11,388
上天草市	-65.5%	842	15,213	2,442	29,902
湯前町	-64.9%	106	2,246	303	4,375
多良木町	-64.9%	284	5,416	810	10,554
相良村	-64.6%	126	2,571	357	4,934
天草市	-64.2%	2,486	45,714	6,948	89,065
高森町	-63.9%	174	4,087	482	6,716
水俣市	-62.0%	854	14,311	2,251	26,978
苓北町	-62.0%	245	4,548	644	8,314
人吉市	-60.5%	1,271	21,256	3,222	35,611
水上村	-60.2%	66	1,194	166	2,405
津奈木町	-59.1%	150	2,825	366	5,062
芦北町	-58.7%	582	10,198	1,407	19,316
山江村	-55.7%	144	2,249	326	3,681
長洲町	-54.6%	773	10,967	1,705	16,594
錦町	-53.0%	508	6,944	1,080	11,075
南関町	-52.0%	460	6,540	958	10,564
あさぎり町	-51.8%	720	10,779	1,495	16,638
和水町	-51.8%	421	7,199	872	11,247
氷川町	-51.6%	579	8,003	1,195	12,715
南阿蘇村	-51.0%	520	9,092	1,061	11,972
甲佐町	-50.8%	483	7,611	983	11,181
産山村	-49.0%	60	983	118	1,606
八代市	-47.9%	6,979	87,848	13,407	132,266
山鹿市	-47.9%	2,654	37,062	5,090	55,391
南小国町	-46.9%	207	3,136	391	4,429
玉名市	-45.1%	3,948	48,529	7,198	69,541
阿蘇市	-45.0%	1,417	19,203	2,577	28,444
菊池市	-44.0%	2,877	35,989	5,136	50,194
宇城市	-40.9%	3,829	46,273	6,477	61,878
宇土市	-40.2%	2,505	29,643	4,186	37,727
玉東町	-39.5%	323	3,939	533	5,554
益城町	-37.5%	2,397	27,265	3,835	32,676
御船町	-36.9%	1,203	13,649	1,908	17,888
荒尾市	-34.9%	3,751	43,000	5,765	55,321
熊本市	-30.0%	68,429	654,048	97,803	734,474
西原村	-20.8%	558	7,150	705	6,792
菊陽町	-13.1%	4,745	44,170	5,459	37,734
合志市	-13.0%	6,051	59,861	6,954	55,002
嘉島町	-8.8%	980	8,567	1,074	8,676
大津町	-5.5%	3,870	36,659	4,095	31,234
大分県					
国東市	-67.4%	800	18,200	2,451	32,002
姫島村	-66.4%	40	993	118	2,189
津久見市	-64.3%	598	9,881	1,677	19,917
玖珠町	-61.8%	568	9,498	1,485	17,054
九重町	-58.9%	309	5,932	751	10,421
佐伯市	-57.6%	2,850	46,857	6,726	76,951
竹田市	-57.3%	730	12,522	1,709	24,423
臼杵市	-53.7%	1,693	25,920	3,657	41,469
豊後大野市	-53.5%	1,495	24,226	3,213	39,452
日田市	-52.4%	3,238	44,913	6,804	70,940
豊後高田市	-51.8%	978	15,143	2,031	23,906
杵築市	-45.4%	1,706	21,296	3,123	32,083
宇佐市	-44.6%	3,096	41,172	5,586	59,008
別府市	-36.6%	9,864	96,459	15,558	125,385
中津市	-35.9%	5,889	69,063	9,181	84,312
由布市	-34.7%	2,467	26,136	3,775	34,702
大分市	-28.5%	43,747	443,243	61,204	474,094
日出町	-16.7%	2,786	26,038	3,344	28,221
宮崎県					
日之影町	-73.7%	60	1,775	230	4,463
西米良村	-69.4%	27	538	87	1,241
椎葉村	-64.3%	64	1,277	180	3,092
高千穂町	-63.7%	374	7,396	1,031	13,723
高原町	-62.2%	290	5,760	767	10,000
美郷町	-61.3%	132	2,914	341	6,248
諸塚村	-60.2%	41	774	103	1,882
串間市	-59.7%	639	10,887	1,586	20,453
都農町	-57.2%	429	6,717	1,001	11,137
日南市	-57.1%	2,259	34,838	5,269	57,689
国富町	-56.6%	905	13,792	2,086	20,909
五ヶ瀬町	-56.4%	131	2,453	301	4,427
えびの市	-54.4%	764	12,450	1,677	21,606
小林市	-51.6%	2,182	33,044	4,510	48,270
綾町	-50.9%	322	5,032	656	7,224
高鍋町	-49.2%	1,231	15,587	2,423	21,733
新富町	-47.6%	1,014	12,914	1,936	18,092
西都市	-47.1%	1,635	21,002	3,092	32,614
延岡市	-46.5%	7,281	90,389	13,615	131,182
木城町	-44.3%	276	3,376	495	5,177
日向市	-43.8%	3,819	48,963	6,789	63,223
川南町	-40.8%	983	12,749	1,661	17,009
門川町	-38.1%	1,188	13,908	1,919	18,854
都城市	-33.3%	12,416	135,099	18,622	169,602
宮崎市	-32.9%	34,124	353,185	50,861	400,583
三股町	-29.9%	1,994	21,564	2,842	24,800
鹿児島県					
与論町	-72.9%	108	3,168	398	5,327
南大隅町	-70.2%	152	3,688	512	8,815
南種子町	-69.9%	140	3,288	466	6,218
垂水市	-69.0%	458	8,622	1,479	17,248
瀬戸内町	-68.1%	245	5,357	770	9,874
天城町	-67.9%	151	4,145	471	6,653
錦江町	-66.9%	200	4,154	606	8,987
湧水町	-64.9%	296	6,940	844	11,595
奄美市	-64.7%	1,604	26,162	4,547	46,121
曽於市	-64.1%	1,103	21,208	3,071	39,221
西之表市	-62.7%	531	9,038	1,425	16,951

	若年女性人口変化率	2040年若年女性人口	2040年総人口	2010年若年女性人口	2010年総人口
南九州市	-62.6%	1,169	21,814	3,124	39,065
阿久根市	-62.0%	717	12,485	1,886	23,154
徳之島町	-60.0%	436	7,213	1,090	12,090
十島村	-59.8%	18	423	46	657
大崎町	-59.3%	499	7,591	1,225	14,215
知名町	-59.1%	236	4,461	577	6,806
肝付町	-58.0%	533	9,798	1,270	17,160
喜界町	-57.6%	251	5,328	593	8,169
いちき串木野市	-57.3%	1,250	18,944	2,929	31,144
大和村	-56.5%	46	1,002	105	1,765
伊佐市	-56.2%	1,043	16,466	2,383	29,304
宇検村	-56.1%	66	1,256	150	1,932
三島村	-55.8%	14	254	32	418
中種子町	-55.5%	286	5,133	643	8,696
伊仙町	-55.2%	188	4,107	419	6,844
枕崎市	-53.5%	1,023	13,627	2,199	23,638
南さつま市	-52.9%	1,456	22,062	3,088	38,704
さつま町	-52.5%	927	14,532	1,951	24,109
長島町	-51.8%	442	6,204	917	11,105
指宿市	-49.8%	2,155	27,869	4,292	44,396
志布志市	-49.2%	1,549	21,148	3,050	33,034
東串良町	-47.4%	297	4,338	564	6,802
出水市	-46.0%	3,095	37,420	5,728	55,621
日置市	-43.6%	2,734	36,590	4,849	50,822
薩摩川内市	-41.2%	6,083	73,536	10,337	99,589
鹿児島市	-39.1%	49,686	510,995	81,573	605,846
和泊町	-38.5%	374	4,869	608	7,114
鹿屋市	-36.4%	7,567	83,241	11,897	105,070
屋久島町	-34.7%	827	10,370	1,266	13,589
霧島市	-33.6%	10,186	110,030	15,350	127,487
姶良市	-33.1%	5,495	62,395	8,213	74,809
龍郷町	-23.5%	424	5,443	554	6,078

沖縄県

	若年女性人口変化率	2040年若年女性人口	2040年総人口	2010年若年女性人口	2010年総人口
竹富町	-73.2%	149	2,271	558	3,859
久米島町	-67.9%	247	4,992	767	8,519
渡嘉敷村	-66.2%	33	484	97	760
伊江村	-65.7%	134	2,969	390	4,737
与那国町	-61.8%	76	995	199	1,657
東村	-60.2%	54	1,164	137	1,794
座間味村	-58.6%	48	654	115	865
伊是名村	-57.8%	50	1,037	118	1,589
本部町	-54.0%	668	10,199	1,451	13,870
多良間村	-51.4%	44	730	90	1,231
大宜味村	-49.9%	124	2,122	248	3,221
宮古島市	-48.7%	2,692	37,778	5,250	52,039
国頭村	-48.1%	246	3,261	474	5,188
南大東村	-47.9%	67	997	129	1,442
今帰仁村	-47.7%	441	7,376	843	9,257
北大東村	-40.8%	27	418	45	665
粟国村	-38.6%	41	693	66	863
南城市	-37.7%	2,691	34,546	4,318	39,758
渡名喜村	-37.7%	12	345	19	452
石垣市	-35.9%	3,862	45,565	6,024	46,922
伊平屋村	-32.8%	85	1,007	127	1,385

	若年女性人口変化率	2040年若年女性人口	2040年総人口	2010年若年女性人口	2010年総人口
名護市	-31.9%	5,490	56,028	8,061	60,231
那覇市	-31.9%	29,340	282,631	43,080	315,954
北中城村	-31.7%	1,343	14,564	1,966	15,951
宜野湾市	-28.0%	9,972	88,253	13,858	91,928
北谷町	-26.4%	2,825	25,721	3,839	27,264
西原町	-25.1%	3,652	35,146	4,874	34,766
読谷村	-24.6%	3,680	36,530	4,882	38,200
糸満市	-24.2%	5,541	56,592	7,311	57,320
沖縄市	-23.9%	13,599	127,904	17,866	130,249
中城村	-23.2%	1,897	18,943	2,470	17,680
嘉手納町	-22.3%	1,283	12,714	1,652	13,827
与那原町	-22.3%	1,732	15,891	2,229	16,318
浦添市	-19.1%	12,651	113,134	15,641	110,351
恩納村	-18.3%	1,111	10,589	1,360	10,144
うるま市	-16.7%	12,381	117,864	14,867	116,979
金武町	-16.7%	1,021	11,442	1,225	11,066
宜野座村	-13.5%	550	5,795	635	5,331
南風原町	-10.5%	4,397	39,024	4,913	35,244
八重瀬町	-10.1%	2,962	29,908	3,296	26,681
豊見城市	-3.6%	8,071	72,347	8,375	57,261

國家圖書館出版品預行編目(CIP)資料

地方消滅：地方創生的理論起源 / 增田寬也作 ; 賴庭筠等譯.
-- 初版. -- 臺北市 : 行人文化實驗室, 2019.07
240 面 ; 14.8x21 公分
譯自：地方消滅 : 東京一極集中が招く人口急減

ISBN 978-986-97823-1-9 (平裝)

1. 人口問題 2. 區域開發 3. 日本

542.1331 108009801

地方消滅：地方創生的理論起源

地方消滅——東京一極集中が招く人口急減

作　　者：增田寬也
譯　　者：賴庭筠、李欣怡、雷鎮興、曾鈺珮
譯稿協力：蕭家如
總 編 輯：周易正
責任編輯：楊琇茹
協力編輯：盧品瑜
封面設計：廖　韡
內頁排版：葳豐企業
行銷企劃：郭怡琳、華郁芳、毛志翔
印　　刷：崎威彩藝

定　　價：340元
I S B N：978-986-97823-1-9
2019年7月 初版一刷

出版者：行人文化實驗室（行人股份有限公司）
發行人：廖美立
地　址：10563 台北市松山區八德路四段36巷34號1樓
電　話：+886-2- 37652655
傳　真：+886-2- 37652660
網　址：http://flaneur.tw

總經銷：大和書報圖書股份有限公司
電　話：+886-2-8990-2588

CHIHO SHOMETSU
By Hiroya MASUDA